명예훼손이란 무엇인가

차례

Contents

우리 헌법상 표현의 자유

명예훼손의 위험성

　노벨문학상 수상 작가인 독일의 하인리히 뵐(Heinrich Böll, 1917~1985)은 1975년 『카타리나 블룸의 잃어버린 명예』를 발표했다. 이 작품은 대중의 호기심을 자극하는 선정적인 언론이 개인의 명예와 인생을 파괴하는 과정을 그리고 있다.

　27살의 평범한 여인 카타리나 블룸은 언론의 허위 보도와 그에 호응하는 군중에 의해 살인범의 정부(情婦), 테러리스트 공모자, 그리고 음탕한 공산주의자가 되고 만다. 언론은 이혼한 전 남편과의 사생활과 알코올중독으로 사망한 카타리나의 아버지에 관한 기사까지 쏟아 낸다. 심지어 위험한 수술을 한 어

머니가 입원한 병원에도 기자가 침투해 집요하게 카타리나의 과거를 캐낸다.

그뿐인가. 수년간의 입출금 기록, 자동차 주행거리까지 계산하여 그녀의 공모 사실을 '입증'하려는 경찰과 검사들은 조금씩 언론에 단서를 흘리면서 다방면으로 카타리나를 압박한다. 결국 견디다 못한 카타리나는 절망감과 분노에 휩싸여 몰지각한 신문기자를 총으로 쏘아 살해한다.

이 소설은 선정적인 언론의 위험성을 살인이라는 극단적인 방법으로 보여 주는 동시에, 언론의 잘못된 보도가 한 사람의 인권을 철저히 유린하는 모습을 잘 묘사하고 있다.

물론 언론은 사회적으로 중요한 사실을 신속히 보도하지 않으면 안 된다. 이때 종종 사실을 충분히 확인하지 않고 진실에 반하여 사실을 보도하는 경우가 있다. 또 영리적인 입장에서 독자에 영합하여 공인(公人)이나 사인(私人)의 사생활에 관한 것들을 마구 보도하는 경우도 있다. 이런 잘못된 보도나 사생활에 관한 보도는 순식간에 나라 전체, 더 나아가 지구촌에 전파된다. 이 때문에 발생하는 피해자의 정신적 고통은 옛날에 비할 바가 아니다.

언론의 허위 보도로 인한 피해는 보도 당시에 일시적으로 생기고 마는 것이 아니다. 보도 후에도 피해의 규모와 범위가 계속 확산된다. 따라서 허위 보도로 인한 피해를 신속하게 구제할 필요성도 보도 당시에만 존재하는 것이 아니라 보도 후에 계속되고 더욱 커진다.

우리 헌법에 담긴 표현의 자유

언론자유의 중요성은 아무리 강조해도 지나치지 않다. 언론의 자유는 민주국가의 존립과 발전을 위한 기초이기 때문이다. 우리나라 헌법 제21조 제1항은 "모든 국민은 언론·출판의 자유와 집회·결사의 자유를 가진다."라고 규정하고 있다. 여기서 보장하는 표현의 자유는 전통적으로는 사상과 의견의 자유로운 표명(발표의 자유)과 그것을 전파할 자유(전달의 자유)를 의미한다. 개인이 인간으로서의 존엄과 가치를 유지하고 행복을 추구하며 국민주권을 실현하는 데 불가결한 것이며, 종교의 자유, 양심의 자유, 학문과 예술의 자유 등 정신적인 자유를 외부적으로 표현하는 자유이다.

역사적으로 보면 사람의 가치에 대한 사회적 평가(명예)를 보호할 목적으로 만든 명예훼손 관련법은, 권력을 가진 자에 대한 국민의 비판을 제한·억압하는 수단으로 쓰였다. 우리나라에서도 특히 언론의 자유가 극도로 제한되었던 유신정권 시절인 1975년에 이른바 국가모독죄가 신설되었다. 이에 근거해 대통령 등 국가기관을 비방하거나 그에 관한 사실을 왜곡하고 허위 사실을 유포하는 경우에는 형사처벌을 했다. 이 법은 6월 민주화운동 이후인 1988년 폐지되었다.[1]

현대 민주주의 사회에서 국민은 선거나 국민투표를 통해 주권을 행사한다. 그런데 실제로는 이러한 과정에서 언론이 국민의 정치적 의사를 형성하고 계도하는 절대적으로 중요한 역할을 담당한다. 그러므로 언론의 자유를 보장함으로써 여론에 의한 참여(input) 통로를 열어 놓고, 매일매일 되풀이되는 국민투표를 제도화하며, 의사 표현과 정보의 전파를 통한 정치적 합의 형성을 돕는 것이야말로 민주주의의 실현을 위해 필수 불가결한 전제조건이 아닐 수 없다(허영, 『헌법이론과 헌법』, 참고).

국민이 듣고, 읽고, 보는, 이른바 알권리는 언론매체의 보도에 크게 의존한다. 또 이 보도를 통한 정보는 활발한 비판과 토론을 불러오며, 정치에 대한 국민의 관심과 참여라는 결과를 이끌어 낸다.

정부가 국민이 바라는 정치를 하는지를 감시하고, 권력을 가진 자에 대한 자유로운 비판을 보장하며, 소수의견을 외면하지 않는 정치적 언론이 여론을 수렴하여 다수의사로 결집·형성하는 과정은 참된 민주제의 모습인 것이다. 이런 의미에서 본다면 다양한 사상과 의견을 자유롭게 교환하기 위한 열린 공간 확보와 언론매체에 의한 정보 전달은 민주제의 본질적 요소다.

언론의 자유가 바로 이러한 민주국가의 존립과 발전을 위한 기초가 되기 때문에 재산권 등 다른 기본권에 비하여 특히 우월적인 지위(preferred position)를 점하는 것이 현대 헌법의 특징이다. 이러한 특징으로 인하여 언론기관의 보도는 다른 기본권에 비하여 더욱 엄격히 제한되는 반면, 언론기관의 면책 사유는 상대적으로 넓게 인정된다.

표현의 자유 VS. 인격권 보호

언론의 자유는 사람에게 가장 중요한 기본권의 하나로, 인간의 존엄성에 필요한 개성 신장의 수단이자 민주주의 통치 질서가 성립하기 위한 전제조건이다. 그렇기 때문에 이는 '도덕적으로 필요한 생명의 공기'를 공급해 주는 것이나 다름없다(허영, 『헌법이론과 헌법』, 참고).

오늘날 우리는 자유민주주의적 기본 질서를 유지하기 위한 여론 형성에서 언론이 차지하는 비중을 결코 과소평가할 수 없다. 동시에 민주주의를 지키고 발전시키기 위해서 표현의 자유에 부여하는 우월적 지위도 반드시 보장해야 한다.

우리나라 현대 언론사를 되돌아볼 때, 언론의 공적 책무 중에서 언론이 국익이나 공익에 관련될 때에는 자유언론 우선이라는 인식이 민주국가 형성에 기여한 측면이 많았다. 그런데 근래에는 언론의 자유만이 강조되고, 이에 비해 언론의 윤리와 책임의 문제는 상대적으로 드러나지 않았다. 과거 권위주의 체제하에서 자행되었던 외형적인 권력 통제가 사라진 지금도 언론은 여전히 권력의 편에 있고, 이미 그 자체가 권력화되었다는 의심마저 받고 있다. 언론의 자유가 전제되지 않고서는 언론의 책임이 성립될 수 없다는 점에서 언론의 자유는 아무리 강조해도 지나치지 않는다. 그러나 언론의 자유가 나름대로 보장되고 있는 상황에서는 언론이 가져야 할 윤리와 책임의 문제도 함께 고려해야 한다. 그래서 우리 헌법은 국민의 기본권으로서 언론의 자유를 보장하고 있으면서도 다른 한편으로는 다음과 같이 규정한다.

"모든 국민은 인간으로서의 존엄과 가치를 가지며, 행복을 추구할 권리를 가진다(제10조). 모든 국민은 사생활의 비밀과 자유를 침해받지 아니한다(제17조). 언론·출판은 타인의 명예나 권리 또는 공중도덕이나 사회윤리를 침해하여서는 아니 된다. 언론·출판이 타인의 명예나 권리를 침해한 때에는 피해자는 이에 대한 피해의 배상을 청구할 수 있다(제21조 제4항)."

개인의 기본권인 언론의 자유와 타인의 인격권인 명예는 모두 인간으로서의 존엄과 가치, 행복추구권에 뿌리를 두고 있다. 그래서 두 권리의 우열은 쉽사리 가를 수 없다. 그러나 자기의 사상과 의견 표현에 아무런 제한도 받지 않고 타인의 인격권인 명예를 함부로 침해할 수 있다면 언론의 자유는 자기모순에서

헤어나지 못한다. 그러므로 우리 헌법은 언론·출판의 자유는 보장하되 명예 보호와의 관계에서 일정한 제한을 받는다는 점을 분명히 밝힌다.[2]

이처럼 국민의 알권리와 다양한 사상·의견 교환을 보장하는 언론의 자유는 민주제의 근간이 되는 핵심적인 기본권이고, 명예 보호는 인간의 존엄과 가치, 행복을 추구하는 기초 권리이다. 이런 사실 때문에 언론의 자유와 개인의 인격권이 충돌할 때 이를 조정하는 것은 매우 어려운 문제다. 구체적인 사례에 따라 사회적인 이익을 비교하고, 표현의 자유로 얻어지는 이익, 가치와 인격권을 보호함으로써 달성되는 가치를 형량하고, 규제의 폭과 방법을 정해야 한다.

만약 개인 대 개인 간의 사적 관계라면 언론의 자유보다 명예 보호라는 인격권이 우선한다. 그러나 해당 표현이 공공적·사회적·객관적인 의미를 가진 정보라면 평가는 달라진다. 왜냐하면 국민이 알아야 할 정보는 개인의 인격 형성과 자기실현은 물론 정치적 의사 형성 과정에 참여하는 자기 통치를 실현하는 공적 성격도 갖고 있기 때문이다.

개인의 명예 보호를 구체화한 일반법으로는 민법과 형법을 들 수 있다. 민법은 제750조, 제751조에서 고의 또는 과실로 인한 위법한 명예훼손적 표현으로 타인에게 손해를 가하거나 타인의 신체, 자유 또는 명예를 해하거나 정신상 고통을 가한 경우에 손해배상책임을 지는 규정을 두고 있다. 형법은 제307조 내지 제309조에서 공연히 사실(또는 허위의 사실)을 적시하여 명예를 훼손하거나, 사람을 비방할 목적으로 신문, 잡지 또는 라디오, 기타 출판물에 의해 명예를 훼손하는 행위와 공연히 모욕하는 행위에 형사제재를 과한다.

형법 제310조는 위법성의 조각(형식적으로는 범죄 행위나 불법 행위로서의 조건을 갖추고 있어도 실질적으로는 위법이 아니라고 인정할 만한 특별한 사유가 있음)으로 처벌하지 않는 경우에 대한 규정을 두고 있다. 이외에도 언론중재 및 피해구제 등에 관한 법률(언론 중재법)과 방송법에서는 언론 보도로 인한 피해 구제 방법으로서 반론보도 및 정정보도청구제도 등을 담고 있다.

표현의 자유와 인격권의 관계는 국제조약에서도 찾아볼 수 있다. 1948년 제3차 UN총회에서 만장일치로 채택된 세계인권선언은 제19조에서 "사람은 누구나 자유롭게 자기의 의사를 가지고 이를 발표할 권리를 가진다."라고 밝힌다. 그러나 제12조에서는 "누구도 그의 사생활, 가족, 가정, 통신에 대하여 자의적인 간섭을 받거나 명예와 신용에 대하여 공격받지 아니한다. 인간은 모두 이와 같은 공격에 대하여 법의 보호를 받을 권리를 갖는다."라고 규정하여 일반적인 인격권의 보장을 선언했다. 또 1966년 UN 제21회 총회에서 채택되어 1976년 발효된 '시민적 및 정치적 권리에 관한 국제규약(International Covenant on Civil and Political Rights, 흔히 'B규약'이라고 함)'도 두 기본권을 다음과 같이 천명한다(우리나라는 1990년 4월 10일 이 조약에 가입했고, 같은 해 7월 10일 정식 발효되었다).

【제19조】 1. 모든 사람은 간섭받지 아니하고 의견을 가질 권리를 가진다.

2. 모든 사람은 표현의 자유에 대한 권리를 가진다. 이 권리는 구두, 서면 또는 인쇄, 예술의 형태 또는 스스로 선택하는 기타의 방법을 통하여 국경에 관계없이 모든 종류의 정보와 사상을 추구하고 접수하며 전달하는 자유를 포함한다.

3. 이 조 제2항에 규정된 권리의 행사에는 특별한 의무와 책임이 따른다. 따라서 그러한 권리의 행사는 일정한 제한을 받을 수 있다. 다만, 그 제한은 법률에 의하여 규정되고 또한 다음 사항을 위하여 필요한 경우에만 한정된다.

(a) 타인의 권리 또는 신용의 존중

(b) 국가안보 또는 공공질서 또는 공중보건 또는 도덕의 보호

【제17조】 1. 어느 누구도 그의 사생활, 가정, 주거 또는 통신에 대하여 자의적이거나 불법적인 간섭을 받거나 또는 그의 명예와 신용에 대한 불법적인 비난을 받지 아니한다.

2. 모든 사람은 그러한 간섭 또는 비난에 대하여 법의 보호를 받을 권리를 가진다.

명예훼손이란 무엇인가

명예란 무엇인가

명예란 무엇을 말하는가? 국어사전에서는 명예를 "세상에서 훌륭하다고 인정되는 이름이나 자랑. 또는 그런 존엄이나 품위."라고 정의한다. 그렇다면 범죄자에 대해서도 명예를 인정해야 할까? 범죄자를 '훌륭하다'고 인정하거나 또는 그에게 '도덕적 존엄'이 있다고 보기는 어려울 것이다. 그러므로 위의 정의에 따른다면 그에게 명예가 있다고 할 수는 없다. 그러나 사전적 정의와는 다르게 법에서 보호하는 명예란 사람이 사회에서 가지는 지위나 평가를 말한다.

본래 명예는 인격적 가치에 관계한 개념인데, 그에 대한 평가와 관련해 세 가지 의미를 지닌다. 첫째, 자기 또는 타인의 평가와는 독립하여 객관적으로 인격에 내재하는 진가(眞價)로서의 내부적 명예이다. 둘째, 인격적 가치에 대한 사회적 평가로서의 외부적 명예이다. 셋째, 자기의 인격적 가치에 대한 자기 자신의 주관적 평가로서의 명예 감정이다.

그런데 첫 번째의 내부적 명예는 자기 또는 타인의 평가와 독립하여 사람이 가지는 고유한 가치이다. 당연히 타인으로부터 침해받을 수 있는 성질의 것이 아니므로 법률적 보호의 범위 밖에 있다. 또한 세 번째의 명예 감정은 사람의 주관적 의사와 감정의 정도에 따라서 개인차가 있다. 그래서 사회의 보통인에 대한 규범으로서의 법으로 보호하기에는 적당하지 않다. 따라서 불법행위가 되는 명예란 두 번째의 외부적 명예, 즉 사람의 품성, 덕행, 명성, 신용 등 인격적 가치에 대하여 사회적으로 받는 객관적인 평가를 말한다. 결국 명예훼손이란 사람의 품성·덕행·명성·신용 등에 대한 객관적인 사회적 평가를 위법하게 저하시키는 행위를 말한다. 따라서 내부적 명예나 주관적인 명예 감정의 침해만으로는 명예훼손이 성립되지 않는다.[3]

명예훼손의 판단 기준에는 어떤 것들이 있나

어떤 표현이 명예훼손인지의 여부는 그 표현에 대한 사회적 통념에 따른 객관적 평가에 따라야 한다. 따라서 가치중립적인 표현을 사용했더라도 사회 통념상 그로 인하여 특정인의 사회적 평가가 저하되었다고 판단되면 명예훼손이 성립한다.

가령 사실은 피해자가 동성애자가 아닌데도 인터넷사이트에 7회에 걸쳐 피해자가 동성애자라는 내용의 글을 게재한 것은 피해자의 명예를 훼손한 행위다. 현재 우리 사회에서 자신이 스스로 동성애자라고 공개적으로 밝히는 경우 사회적으로 상당한 주목을 받는 점을 고려해야 하기 때문이다.[4] 반면 "㈜진로가 일본 아사히 맥주에 지분이 50퍼센트 넘어가 일본 기업이 됐다."라는 내용은 가치중립적인 표현이다. 즉 이로 인해 일부 소비자들이 해당 기업의 소주 구매에 소극적이 될 여지가 있지만, 사회 통념상 피해자 회사의 사회적 가치 내지 평가가 침해될 가능성이 있는 명예훼손적 표현이라고 볼 수 없다. 우리나라와 일본의 특수한 역사적 배경과 소주라는 상품의 특수성이 존재하기 때문이다.[5]

한편 언론매체가 쓴 특정인에 대한 기사가 명예를 훼손하는 내용인지의 여부는 그 기사가 독자에게 주는 전체적인 인상을 기준으로 판단해야 한다. 즉 일반 독자가 기사를 접하는 통상의 방법을 전제로 기사의 전체적인 취지와의 연관하에서 객관적 내용, 사용된 어휘의 통상적인 의미, 문구의 연결 방법을 종합적으로 고려한다. 여기에 더해 기사의 배경이 된 사회적 흐름속에서 그 표현이 가지는 의미까지 함께 고려한다. 언론 인터뷰를 통한 진술도 그것이 언론 보도의 내용이 된 이상 같은 방법으로 명예훼손 여부를 판단한다. 다만 그 경우에는 보도 내용에 나타난 진술자와 진술의 대상이 된 자의 관계, 진술자의 의

도를 고려해야 한다.[6)]

언론사 소속 기자들에게 보도자료를 배포한 다음 이를 토대로 구두 설명하는 방식으로 기자회견을 여는 것도 명예훼손에 해당할 수 있다. 이 경우 마찬가지로 기자회견의 전체적인 취지와의 연관하에서 보도자료와 설명의 객관적 내용, 사용된 어휘의 통상적인 의미, 문구의 연결 방법 등을 종합적으로 고려한다. 만약 기자회견 보도자료 중 일부 내용의 진위가 분명하지 않아 오해할 소지가 있거나 특정인에 대한 비판이 부가되어 있다면, 이를 전체적·객관적으로 파악하여 그것이 허위 사실의 적시에 해당하는지 여부를 가려야 한다. 취지가 불분명한 일부 내용만을 따로 떼어 내어 허위 사실이라고 단정해서는 안 된다.[7)]

명예훼손의 대상은 누구인가

명예훼손의 대상이 되는 적시되는 사실은 피해자의 사항에 관한 것이어야 한다. 그러므로 배우자가 간통했다는 사실이나 범죄자라는 사실은 상대방 배우자의 명예를 침해하지 않는다.

개인뿐만 아니라 법인도 명예를 가지고 있다. 법인의 목적사업 수행에 영향을 미칠 정도로 법인의 사회적 명성, 신용을 훼손하여 법인의 사회적 평가가 침해된 경우에는 그 법인에 대하여 불법행위를 구성한다.[8)]

사망한 사람의 인격권도 보호된다. 가령 역사 드라마가 역사적 인물의 명예를 훼손하거나 인격권을 침해하면 유족이 손해배상청구의 권리를 행사할 수 있다.[9] 다만 사망한 자에 대한 인격권의 침해가 있거나 침해할 우려가 있는 경우 이에 따른 구제 절차는 사망한 자의 배우자와 직계비속인 유족이 수행한다(언론중재 및 피해구제 등에 관한 법률 제5조의 2 제2항). 그러나 사망 후 30년이 경과하면 구제 절차를 수행할 수 없다. 만약 배우자와 직계비속이 모두 없으면 직계존속이, 직계존속도 없으면 형제자매가, 동순위의 유족이 2인 이상 있는 경우에는 각자가 단독으로 청구권을 행사한다. 반면 사망한 자에 대한 인격권 침해에 대해서는 동순위 유족 전원의 동의가 있어야 한다.

피해자는 특정되었는가

명예훼손에 의한 불법행위가 성립하려면 피해자가 특정되어 있어야 한다. 이때 반드시 사람의 성명이나 단체의 명칭이 명시되어야 하는 것은 아니다. 두문자나 이니셜만 사용했어도 표현 내용을 주위 사정과 종합해 볼 때 그 표시가 피해자를 지목하는 것을 알아차릴 수 있을 정도라면 피해자가 특정되었다고 본다. 가령 대학교수가 학생들 앞에서 피해자의 이성 관계를 암시하는 발언을 했다면 그 학생의 명예를 훼손한 것이다.

또 어떤 사정을 모르는 자에게는 표현 자체로부터 누구를 가리키는지 알 수 없어도, 그 사실을 아는 자가 다수이며, 이들에게는 그 표시가 누구를 가리키는 것인지 알 수 있을 때에도 피해자가 특정되었다고 본다. 즉 'A 변호사'나 'B 사무장' 등으로 익명 처리를 해도 변호사업계 종사자나 주변 사람들이 그가 누구를 가리키는지 쉽게 알아차릴 수 있다면 피해자가 특정된 것이다.[10)]

또 기자가 수기를 조작하여 실명이 아닌 가명으로 보도했더라도 그것이 특정인의 인적사항과 일치하여 적어도 그가 생활을 하는 범위 내의 주변 사람들 사이에서는 이 보도가 누구인지 충분히 알 수 있다면 당사자가 특정되었다고 할 수 있다.

사실(fact)과 의견(opinion)

타인에 대한 명예훼손은 사실을 적시하는 방법으로 행해질 수도 있고 의견을 표명하는 방법으로 행해질 수도 있다. 다만 사실 적시를 전제하지 않은 순수한 의견이나 논평의 경우에는 명예훼손으로 인한 손해배상책임이 성립되지 않는다.[11)] 또 앞서 본 바와 같이 단순히 타인의 주관적인 명예 감정을 침해하는 표현 행위를 하였거나 그 사회적 평가에 영향을 미치는 비판적인 의견을 표명하였다는 사유만으로는 명예훼손이 성립하지 않는다.

따라서 명예훼손이 성립하려면 특정인의 사회적 가치와 평가가 침해될 가능성이 있을 정도로 구체적인 사실 적시가 있어야 한다. 그러한 사실 적시는 표현물의 내용 중에 직접적으로 명시되어 있을 필요가 없다. 그러나 적어도 특정 문구에 의해

그러한 사실이 곧바로 유추될 수 있을 정도의 표현은 있어야 한다.[12]

적시되는 '사실'은 악사추행(惡事醜行)에 한하지 않으며, 사람의 사회적 평가를 저하시킬 만한 것이면 족하다. 공지의 사실이라도 이를 적시함으로써 더욱 그 사람의 명예를 저하시킬 우려가 있으면 명예훼손에 해당된다. 적시되는 사실이 반드시 허위의 사실이 아니어도 된다. 진실한 사실의 적시에 의해서도 한 사람의 사회적 평가가 저해될 수 있기 때문이다. 형법상으로도 적시된 사실의 진위에 관계없이 명예훼손죄가 성립될 수 있으며, 적시된 사실이 허위인 경우에는 그 형이 가중된다(형법 제307조, 제309조 참조). 다만 적시된 사실이 진실하고 그것이 오로지 공공의 이익에 관한 것이면 면책 사유가 될 수 있다.

한편 적시되는 것은 '구체적인' 사실이어야 한다. 그러므로 단순히 가치판단을 표시한 경우에는 형법상 모욕죄가 성립될 수 있어도 명예훼손죄는 되지 않는다.[13] 그러나 민사상으로는 모욕도 불법행위가 될 수 있다.

그런데 명예훼손에서의 '사실 적시'란 가치판단이나 평가를 내용으로 하는 의견 표현에 대치되는 개념이다. 시간과 공간적으로 구체적인 과거 또는 현재의 사실관계에 관한 보고 내지 진술을 의미하며, 그 표현 내용이 증거에 의해 입증 가능하다. 따라서 어떤 진술이 사실인지 의견인지를 구별하려면 언어의 통상적 의미와 용법, 입증 가능성, 문제된 말이 사용된 문맥, 그 표현이 행해진 사회적 상황 등 전체적 정황을 고려하여 판

단해야 한다.[14)

사실 적시는 사실을 직접적으로 표현한 경우에만 한정되지 않는다. 간접적이고 우회적인 표현이더라도 표현의 전 취지에 비추어 그와 같은 사실을 암시하고, 또 이로써 특정인의 사회적 가치 내지 평가가 침해될 가능성이 있을 정도로 구체적이면 충분하다.[15)

반면 의견 또는 논평을 표명하는 행위로 인한 명예훼손은 그 의견이나 논평 자체가 진실인가 혹은 객관적으로 정당한 것인가 하는 문제가 위법성 판단의 기준이 될 수 없다. 그보다는 전제가 되는 '사실'이 위법성 판단의 기준이다.

일정한 의견을 표명하면서 그 의견의 '기초가 되는 사실'을 따로 밝히는 표현 행위에서 적시된 기초 사실만으로 타인의 사회적 평가를 침해한다면 명예훼손이 성립할 수 있다. 또 의견 표명의 근거가 되는 기초 사실에 대한 주장이 묵시적으로 포함되어 있고, 그 사실이 타인의 사회적 평가를 침해하는 것이라면 이 역시 명예훼손에 해당한다.[16) 그러므로 어떠한 표현 행위가 명예훼손과 관련하여 문제가 되면 그 표현이 사실을 적시하는 것인지, 아니면 의견이나 논평을 표명하는 것인지를 구별해야 한다. 마찬가지로 의견이나 논평을 표명하는 것이라면 명시적 혹은 묵시적으로라도 그 전제가 되는 사실을 적시하고 있는지 그렇지 않은지를 구별할 필요가 있다.

언론매체가 특정인에 대한 기사를 게재했을 때는 사용 어휘의 통상적인 의미, 기사의 전체적인 흐름, 문구의 연결 방법을 기준으로 삼아 명예훼손 여부를 판단한다. 이때 기사의 객관적인 내용과 함께 일반 독자가 보통의 주의력으로 기사를 접하는 방법이 전제가 된다. 이는 사실 적시와 의견이나 논평 표명의 구별, 의견 또는 논평 표명의 경우에 전제되는 사실을 적시하는지 여부를 판별하는 데도 타당한 기준이다. 다만 기사가 게재된 좀 더 넓은 문맥이나 배경이 되는 사회적 흐름도 함께 고려해야 한다.

보도 내용 중에서 논란이 되는 표현의 객관적 의미는 그 언어적 문맥 및 주변 상황에 의해 결정된다. 그러므로 취지가 불분명한 일부 내용만을 따로 떼어 내서 명예훼손적인 사실 적시라고 단정해서는 안 된다.[17] 설령 보도 내용 중 일부가 오해의 소지가 있거나 거기에 상대방에 대한 비판이 부가되어 있다고 하더라도 마찬가지다. 표현 행위자의 속마음이나 상대방의 개인적 이해득실 등 주관적인 사정에 따라 표현의 객관적 의미가 좌우된다고 볼 수도 없다. 보도가 비판적인 관점에서 작성되었다는 주관적인 사정을 고려하여 이를 명예훼손에 해당하는 것으로 단정하고, 그 행위자가 명예훼손에 의한 불법행위책임을 부담하도록 하는 것도 허용될 수 없다. 보도의 객관적인 표현 형식이나 내용에 비추어 볼 때 이를 명예훼손적인 사실 적시가 아닌 단순한 의견 표명으로 파악할 수도 있기 때문이다. 또한 비록 허위 사실을 적시하였더라도 특정인의 사회적 가치와 평가를 침해할 수 있는 정도에 이르지 않는 한 명예훼손이 성립하는 것으로 단정해서는 안 된다.[18]

결국 표현 행위자가 타인에 대하여 비판적인 의견을 표명하였다는 사유만으로 이를 위법하다고 볼 수는 없다. 하지만 만일 표현 형식 및 내용이 모욕적이고 경멸적인 인신공격에 해당하거나 타인의 신상을 과장하는 정도를 넘어 왜곡함으로써 인격권을 침해한다면, 이는 명예훼손과는 별개의 불법행위에 해당할 수 있다.[19)]

전문(傳聞)보도의 명예훼손

사실 적시는 발언자가 그 사실을 스스로 경험한 것으로서 표현하든, 다른 사실로부터 추측한 결론으로서 표현하든, 남으로부터 전문(傳聞)한 것으로서 표현하든 상관없다. "이러이러한 소문이 있다."라고 말한 경우, 그 소문의 존재 자체를 하나의 사실로서 표시된 것으로 보아서는 안 된다. 그보다는 소문의 내용을 이루는 사실이 적시된 것으로 보아야 한다.

명예훼손죄는 간접정범(책임 능력이 없는 사람이나 범죄 의사가 없는 다른 사람의 행위를 이용하여 행하는 범죄)에 의해 범해지기도 한다. 그러므로 타인을 비방할 목적으로 기자에게 허위 사실을 제공하여 신문에 보도하도록 만든 경우에도 명예훼손이 성립한다. 그러나 제보자가 기사의 취재 및 작성과 직접적인 연관이 없는 자에게 허위 사실을 알렸을 뿐이라면 문제가 다르다. 이 경우 피제보자가 언론에 공개하거나 기자들에게 취재를 당해서 그 사실이 일반 공중에 배포되더라도 제보자에게 출판·배포된 기사에 관하여 형사상 출판물에 의한 명예훼손죄의 책임을 물을 수 없다. 단 제보자가 피제보자에게 알리는 사실이 기사화되도록 특별히 부탁하였다거나, 피제보자가 이를 기사화할 것이 예상되는 특별한 사정은 예외로 한다. 가령 의사가 의료 기기 회사와의 분쟁을 정치적으로 해결하기 위하여 국회의원에게 허위 사실을 제보했고, 그 의원의 발표로 그런 사실이 일간신문에 게재되었어도 의사에게는 명예훼손이 성립하지 않는다.[20)]

제목에 의한 명예훼손

신문기사나 방송의 제목만으로도 명예훼손이 성립되는지 여부도 문제가 된다. 기사 제목은 일반적으로 본문의 내용을 간략하게 표시하여 독자의 주의를 환기시키고 본문을 읽게 하려는 의도를 띤다. 신문기사의 명예훼손 여부를 판단할 때는 제목과 본문을 포함한 기사 전체의 취지를 전체적으로 파악해야한다. 단 제목이 본문의 내용과 현저히 달라 그 자체만으로 독립된 기사로 보인다면 명예훼손이 성립할 수 있다.[21)]

연재기사의 명예훼손

언론매체가 보도한 기사 여러 개가 타인의 명예를 훼손하였다면 각 기사별로 불법행위 성립 여부를 판단한다. 다만 그 기

사들이 연재기사로 기획되어 게재되었다는 특별한 사정이 있다
면 예외이다.

유형별 명예훼손 살펴보기

집단(Group)에 대한 명예훼손

어느 특정 개인에 대한 비판이나 비난이 그가 속해 있는 집단이나 단체에 대해서도 명예훼손이라는 등식이 성립될 수 있을까? 또 그와 반대로 집단에 대한 명예훼손이 집단 구성원에 대한 명예훼손이 될 수 있을까?

집단과 구성원 간에는 원칙적으로 개별적 연관성이 부정된다. 예컨대 '서울 시민'이라든지 '대학생' '오렌지족' 'X세대'라고 지칭하는 경우에는 원칙적으로 구성원에 대해서는 명예훼손이 성립하지 않는다. 그 대상이 막연하기 때문이다. 가령 『공자가 죽어야 나라가 산다』라는 책의 제목이 공자·유학자·유교 및 유교 문화에 대해 비판적인 문구를 사용하였다고 할지라도 그것이 재단법인 성균관(유교의 진흥과 유교 문화의 발전을 목적으로 하는 단체)에 대한 사회적 평가와 직접 관련되었다고 볼 수 없다.[22] 같은 취지에서 예수 그리스도나 부처를 모욕하는 언사를 한 경우 그것이 곧 기독교인이나 불교 신도의 명예를 훼손한 것이라고는 볼 수 없다.

이처럼 이른바 집단 표시에 의한 명예훼손은 그 내용이 그 집단에 속한 특정인에 대한 것이라고 보기 힘들다. 개별 구성원에 도달하면 이미 비난의 정도가 희석되어 구성원의 사회적 평가에 영향을 미치지 못하기 때문이다. 다만 예외적으로 구성원 수가 적거나 당시 정황 등으로 보아 집단 내 개별 구성원을 지칭하는 것으로 여겨질 수 있는 때에는 개별 구성원이 피해자로서 특정된다. 구체적 기준으로는 집단의 크기, 집단의 성격과 집단 내에서 피해자의 지위를 꼽을 수 있다.

가령 방송에 등장한 '대전 지역 검사들'이라는 표시는 그 구성원 개개인을 지칭하는 것으로 여겨질 정도로 범위가 좁다. 또 한 달여에 걸쳐 집중적으로 관련 방송이 보도되는 등 당시의 주위 정황 등으로 보아 개별 구성원을 지칭하는 것으로 여겨질 수 있다. 그러므로 명예훼손이 성립한다.[23]

또 텔레비전 방송 보도 중 사용된 '○○지방경찰청 기동수사대'라는 표시도, 수사 당시 위 기동수사대에 근무하였던 경찰관들을 명예훼손 피해자로 특정한다고 볼 수 있다.[24]

따라서 어떠한 명예훼손적 표현이 집단 또는 단체에 관한 것인지, 아니면 단체 대표자 개인에 관한 사항인지, 또는 단체의 구성원에 관한 것인지 구별할 필요가 있다. 만약 해당 내용이 단체와 구성원 모두를 포함하고 있다면, 비록 소수 임원에 대한 명예훼손일지라도 그 단체의 명예나 신용이 손상되었다고 볼 수 있다. 물론 이때 명예훼손의 내용이 임원들의 업무에 관련된 것으로서, 그 단체에 대한 사회적 평가를 저하시키기에 충분한 경우라야 한다.[25)]

공직자에 대한 비판과 명예훼손

공직자 또는 공직 사회에 대한 감시와 비판 기능 수행은 언론의 사명이다. 특히 공직자의 도덕성·청렴성이나 그 업무 처리가 정당하게 이루어지고 있는지 여부는 항상 국민의 감시와 비판의 대상이 되어야 한다. 따라서 언론·출판의 자유와 명예 보호 사이의 한계를 설정하는 데 있어서 표현된 내용이 공공적·사회적인 의미를 가진 사안인 경우에는 사적인 영역에 속하는 사안과는 다르게 평가한다. 구체적으로 말해 언론의 자유에 대한 제한이 완화된다. 이러한 언론 감시와 비판 기능은 그것이 악의적이거나 현저히 상당성을 잃은 공격이 아니라면 쉽게 제한되어서는 안 된다.

이런 점에서 언론 보도를 통하여 의혹 사항에 대해 의문을 제기하고 조사를 촉구하는 감시와 비판행위는 언론자유의 중요한 내용 중 보도의 자유에 속하는 것으로 평가할 수 있다.

이때 공직자의 생활이나 공직 수행과 관련한 중요 사항에 관하여 의혹을 가질 만한 충분하고도 합리적인 이유가 있고, 그 사항을 공개하는 일이 공공의 이익을 위해 필요하다고 인정되어야 한다. 이런 보도로 인하여 공직자의 사회적 평가가 다소 저하된다고 해서 곧바로 공직자에 대한 명예훼손이 된다고 할 수는 없다.

물론 이 경우에도 언론 보도의 내용이나 표현방식, 의혹 사항의 내용이나 공익성의 정도, 공직자 또는 공직 사회의 사회적 평가를 저하시키는 정도, 취재 과정이나 사실 확인을 위해 노력한 정도, 기타 여러 사정을 종합하여 판단해야 한다. 만약 언론 보도가 공직자 또는 공직 사회에 대한 감시·비판·견제라는 정당한 언론 활동의 범위를 벗어나 악의적이거나 경솔한 공격으로 평가된다면 명예훼손에 해당한다. 비록 그것이 공직자 또는 공직 사회에 대한 감시·비판·견제 의도에서 비롯되었다고 해도 마찬가지다.[26] 이때 명예훼손의 피해자가 공직자라고 해도 보도 내용의 진실성이나 상당한 이유의 입증책임은 언론 기관이 부담한다.

그런데 미국에서는 공직자나 공인에 대한 비판의 자유는 사인에 비해 더 넓게 인정된다. 미국 연방대법원은 공무원이 공무집행에 대하여 가해진 명예훼손에 대하여 언론사를 상대로 손해배상을 청구하려면 공무원 스스로 그 보도에 '현실적 악의(actual malice: 허위인 줄 알면서도 한다거나 또는 그것이 허위인지 아닌지 고려하지 않고 무시하는 태도)'가 있었다는 사실을 입증해야 한다고 판결했다.[27] 이는 공무원이 정당한 공무집행을 위해 하는 발언이 절대적인 특권으로 인정되는 것과 상응한다. 즉 일반 국민이나 언론이 공무원의 행동을 비판하는 데도 같은 원칙이 적용되어야 함을 분명히 밝힌 것이다. 그러나 우리나라는 미국과 달리 공무원이 정당한 공무집행을 위하여 한 발언에 대해 절대적인 특권을 인정하지 않고 오히려 좀 더 많은 사실 확인 주의의무를 인정하고 있다. 그러므로 현실적 악의 이론을 그대로 수용하기는 어렵다.

공인에 대한 비판과 명예훼손

공직자와 마찬가지로 공인(public figure) 또는 공적인 존재도 표현의 자유가 폭넓게 보장된다. 특히 언론 보도가 공적인 존재의 정치적 이념에 관한 것이라면 그 존재가 가진 국가적·사회적 영향력이 클수록, 그의 정치적 이념이 국가 운명에까지 영향을 끼친다. 그러므로 그 공인의 정치적 이념은 더욱 철저히 공개되고 검증되어야 한다. 또 이에 대한 의문이나 의혹은 개연성이 있는 한 광범위하게 허용되며 공개토론도 이루어질 수 있다.[28] 정확한 논증이나 공적인 판단을 내리기 전이라고 해서 그에 대한 의혹 제기가 공적 존재의 명예 보호라는 이름으로 봉쇄되어서는 안 된다. 그보다는 찬반토론을 통한 경쟁 과정에서 도태되도록 하는 것이 더 민주적이다.

사람이나 단체가 가진 정치적 이념은 흔히 위장하는 일이 많다. 게다가 정치적 이념의 성질상 그들이 어떠한 이념을 가지고 있는지 정확히 증명해 낸다는 것은 거의 불가능하다.

그러므로 이에 대한 의혹 제기나 주관적인 평가가 진실하다고 믿을 만한지 따질 때에는 일반의 경우처럼 엄격하게 입증해 낼 것을 요구해서는 안 된다. 그러한 의혹 제기나 주관적인 평가를 내릴 수 있는 구체적 정황 제시로 입증 부담을 완화해 주어야 한다.

구체적인 정황을 입증하는 데는 그들의 정치적 주장과 활동을 입증함으로써 정치적 이념을 미루어 판단하는 방법이 있다. 또 그들이 벌여 온 정치적 주장과 활동을 인정하는 데는 공인된 언론의 보도 내용이 중요한 자료가 될 수 있다. 여기에 더해 공지의 사실이나 법원이 명백히 알고 있는 사실도 활용할 수 있다.

그러나 아무리 공적인 존재의 공적인 관심사에 관한 문제 제기가 널리 허용돼야 한다고 하더라도 구체적 정황의 뒷받침도 없이 악의적으로 모함하는 일이 발생해서는 안 된다. 비록 구체적 정황에 근거한 것이라 하더라도 이를 표현할 때는 상대방의 인격을 존중하는 바탕 위에서 어휘를 선택해야 한다. 모멸적인 표현으로 모욕을 가하는 일은 허용될 수 없다. 예를 들어 언론 기사 중 방송 프로그램에 나타난 프로듀서의 역사 해석을 주사파의 역사 해석으로 단정해 그 프로듀서를 주사파로 지목한 부분은 지나친 논리의 비약이다. 그 부분의 사실 적시가 진실하다고 믿기 어렵고, 당시 우리나라의 현실에서 '주사파'가 부정적이고 치명적인 의미로 쓰인다는 점에 비추어 이것이 수사적인 과장에 포함된다고도 볼 수 없다. 이런 이유로 대법원은 이 사건이 명예훼손에 의한 불법행위에 해당한다고 밝혔다.[29]

정당 및 정치인의 발언과 명예훼손

정당은 정책을 제시·추진하고 공직선거의 후보자를 추천하고 지지함으로써 정권을 획득하거나 정치적 영향력을 행사하며 국민의 정치적 의사의 형성에 직접 참여할 목적을 가진 정치적 결사이다. 정당은 오늘날의 의회민주주의에서 민주주의의 전제요건인 동시에 정치 과정과 정치 활동의 불가결한 요소로 기능한다. 그러므로 정당 활동의 자유도 이를 보장하는 데 소홀해서는 안 된다.

그런데 정당이나 정당의 대변인이 발표하는 공식적인 정치적 논평이나 정치적 주장에는 국민의 지지를 얻기 위한 단정적인 어법도 종종 사용된다. 이는 수사적인 과장 표현으로서 용인될 수 있다. 국민들도 정당 대변인의 정치적 주장에 구체적인 사실 적시가 수반되지 않으면 비록 단정적인 어법으로 공격하는 경우에도 대부분 이를 정치공세로 치부한다. 그래서 보통 그 주장을 객관적인 진실로 믿거나 받아들이지 않는다. 따라서 정당 대변인의 정치적인 논평의 명예훼손과 관련한 위법성을 판단할 때는 이러한 특수성을 충분히 고려해야 한다.[30]

결과적으로 정당의 정치적 주장은 그것이 어느 정도의 단정적인 어법 사용에 의해 수사적으로 과장해서 표현된 경우라고 하더라도 쉽게 책임을 추궁해서는 안 된다. 여기에는 공공의 이해에 관련된 사항에서 정당 상호 간 정책, 정견, 다른 정당 및 그 소속 정치인들의 행태에 대한 비판, 이와 직접적으로 관련된 각종 정치적 쟁점이나 관여 인물, 단체에 대한 문제 제기 등이 포함된다.[31]

일반적으로 정치인은 사인에 비하여 표현의 자유를 더 넓게 보장받는다. 가령 국회의원인 정치인이 기자회견을 하는 주목적이 검찰의 선거사범 처리가 불공정하고 이에 대한 불복을 정치적으로 탄압하고 있다는 의혹을 국민에게 고발하고자 하는 데에 있다고 가정하자. 이런 경우라면 설령 개인에 대한 형사사건 처리와 세무조사에 대한 불만과 항의 등 개인적인 문제와 관련이 있다고 하더라도 그의 명예훼손적 표현 행위는 위법이 아니다. 공직자의 업무 처리가 정당하게 이루어지고 있는지 여부는 항상 국민의 감시와 비판의 대상이 되어야 한다. 특히 선거법 위반 등 정치적인 영향력을 가진 사건 처리의 공정성에 대한 감시 기능은 정당의 중요한 임무 중 하나이다. 그러므로 이러한 감시와 비판 기능은 쉽게 제한되어서는 안 된다.[32]

범죄 보도와 명예훼손

일반 국민들은 사회에서 발생하는 제반 범죄에 관하여 알권리를 가지고 있다. 일반적으로 대중 매체의 범죄 사건 보도는 여론 형성에 필요한 정보를 제공하는 역할을 한다. 즉 범죄 행태를 비판적으로 조명하고, 사회적 규범이 어떠한 내용이며, 그것을 위반하는 경우 그에 대한 법적 제재가 어떠한 내용으로 실현되는지 알려 준다. 나아가 범죄의 사회·문화적 여건을 탐색하고 그에 대한 사회적 대책까지 강구한다. 따라서 대중매체의 범죄 사건 보도는 일반적으로 공공성이 있다고 볼 수 있다. 또 개별적·구체적 사정에 따라서는 범인에 관한 정보 역시 범죄 사실과 함께 공중의 정당한 관심사가 될 수도 있다.[33]

이런 점에서 언론이 공공의 이익에 대한 사항과 관련하여 제삼자의 형사고발로 시작된 수사 등 외적 경과만 객관적으로 보도한다면 보도를 하는 측에서 고발 내용의 진실 여부를 확인할 의무가 있다고 할 수 없다. 물론 기사의 제목, 보도의 방식이나 표현을 종합적으로 고려하여 고발된 내용 자체가 진실이라는 인상을 통상의 독자들에게 준다면 문제는 다르다. 또 고발 자체를 저급한 흥미에 영합하는 방식으로 취급하여 상대방의 인격적 이익을 도외시하거나, 합리적인 사람이 볼 때 고발 내용이 진실인지 아닌지 쉽사리 의심할 수 있는 특별한 경우도 예외다.[34]

반면 범죄에 관한 언론 보도는 언제나 사건 관계자들의 인권을 침해할 가능성을 내포하고 있다. 특히 잘못된 보도로 인한 인격권 침해 문제와 범죄자의 가족이나 관계자의 사생활 침해 문제가 발생할 수 있다. 더 나아가 범죄 보도가 법원의 공정한 재판에 앞서 '여론재판'을 함으로써 무죄추정의 원칙이라든가 사법권의 독립을 침해할 수 있다는 문제도 꾸준히 제기되어 왔다.

우리 헌법은 제10조에서 "모든 국민은 인간으로서의 존엄과 가치를 가지며, 행복을 추구할 권리를 가진다."라고 규정한다. 특히 제27조 제4항에서 "모든 형사피고인은 유죄의 판결이 확정될 때까지는 무죄로 추정된다."라면서 무죄추정의 원칙을 밝힌다. 무죄추정의 원칙은 재판제도가 있는 법치국가에서는 당연한 논리적 귀결이다. 판결이 확정되기는커녕 아직 기소조차 되지 않았는데 유죄로 취급되어 부당한 처우를 받는 것은 '인간의 존엄성'을 부정하는 일이다.

특히 보도 내용이 수사기관이나 감사기관에 의해 조사가 진행 중인 사실이라면, 일반 독자들로서는 보도된 비위 혐의 사실의 진실 여부를 확인할 수 있는 별다른 방도가 없다. 또 사람들은 언론기관이 가지는 권위와 신뢰에 의지해 보도 내용을 그대로 받아들이는 경향이 있다. 또한 언론 보도가 가지는 광범위하고도 신속한 전파력으로 인하여 피조사자로 거론된 자나 주변 인물들이 입는 피해는 매우 심각하다. 따라서 이러한 혐의 사실을 보도하는 언론기관은 보도에 앞서 적절하고도 충분한 취재를 해야 한다. 기사 작성 및 보도 시에도 기사가 주는 전체적인 인상으로 인하여 일반 독자들이 사실을 오해하는 일이 생기지 않도록 내용이나 표현 방법에 주의를 기울여야 한다.[35]

만약 이러한 주의의무를 충분히 다하지 않았다면 보도 내용이 명예훼손에 해당하는 경우 손해배상책임을 져야 한다. 설사 그 목적이 타인의 비위 사실 보도에 주안점을 두고 있지 않아도 그러하다.[36)

그런데도 우리 언론은 '범인 체포' '범인 일망타진' '살해범 검거' '범인 수배' '진범' '조카며느리가 진범' '살해범은 아들' '죽은 자와 죽인 자' 등 범인이라는 용어를 무분별하게 자주 사용한다. 또 혐의 사실 이외의 주변 사실까지 추측해서 보도하거나, 부모나 일가친척 또는 친구, 심지어 피해자의 사생활까지 보도한다. 이러한 보도는 피의 사실의 진실 여부를 불문하고 피의자·피고인의 명예권, 프라이버시권 또는 초상권 같은 인격권을 침해한다. 나아가 피해자나 기타 피의자와 관련된 제삼자의 인격권까지 침해하는 것은 물론이다. 특히 성폭력범죄와 같은 형사사건에서 피해자의 인적사항이 보도되면 범죄 자체에 의한 피해보다 보도로 인한 피해가 훨씬 심각하고 치명적일 수 있다. 따라서 언론은 피의 사실을 객관적으로 보도하는 데 그쳐야 한다. 수사 단계에서부터 피의자를 도덕적으로 비난하거나 감정적인 표현을 사용해 매도해서는 안 된다.

익명보도냐 실명보도냐

익명보도의 원칙
개인은 자신의 성명 표시 여부를 스스로 결정할 권리를 가지고 있다. 그런데 현행법에서는 특별한 경우 실명보도를 금지하거나 규제하고 있는 조항이 있다. 우선 소년법에 따라 조사 또는 심리 중에 있는 보호사건이나 형사사건에 대하여는 그자가 당해 사건의 당사자라고 짐작할 수 있는 정도의 사실이나 사진을 신문이나 출판물에 싣거나 방송할 수 없다(소년법 제68조). 이를 위반하면 형사처벌의 대상이 된다. 가정법원에서 처리 중이거나 처리한 사건도 본인이 누구인지 짐작할 수 있을 정도의 사실이나 사진을 신문, 잡지, 그 밖의 출판물에 게재하거나 방송할 수 없다고 규정하고 있다(가사소송법 제10조, 제72조).

또 성폭력범죄의 처벌 등에 관한 특례법에서도 성폭력범죄의 피해자의 신원과 사생활 비밀은 그 공개나 누설을 엄격히 금지한다(제22조). 그러나 청소년이 아닌 성폭력범죄의 피의자가 죄를 범하였다고 믿을 만한 충분한 증거가 있고, 국민의 알 권리 보장, 피의자의 재범 방지 및 범죄예방 등 공공의 이익을 위하여 필요할 때에는 피의자의 신상에 관한 정보를 공개할 수 있다(제23조).

특정강력범죄의 처벌에 관한 특례법도 강간이나 강도죄 등 특정강력범죄로 수사 또는 심리 중에 있는 사건의 피해자나 사건을 신고한 사람을 알릴 수 없다고 정의한다. 즉 그가 동의하지 않은 한 성명, 나이, 주소, 직업, 용모 등 그가 피해자이거나 신고한 사람임을 짐작할 수 있는 사실이나 사진을 신문 또는 출판물에 싣거나 방송할 수 없다(제8조).

따라서 위와 같은 범죄 사건을 보도할 경우 피해자의 실명을 보도해서는 안 된다. 그런데도 과거 우리 언론은 이른바 지존파 사건이나 온보현 사건, 막가파 사건이 발생했을 때 그들에게 성폭행이나 강도, 살인을 당한 피해자를 상세히 밝혀 버렸다. 피해자의 이름과 주소, 나이, 다니는 학교와 학과, 부모의 직업을 포함한 인적사항이 공개되었고, 신고한 여자의 옆모습을 찍은 사진도 보도했다.

실명보도를 할 수 있는 경우

우리 대법원은 최근 범죄 보도에서 익명보도의 원칙을 받아들이는 경향을 띤다. 즉, 범죄 자체를 보도하기 위해 반드시 범인이나 범죄 혐의자의 신원을 명시할 필요가 없고, 범인이나 범죄 혐의자에 관한 보도가 반드시 범죄 자체에 관한 보도와 같은 공공성을 가진다고 볼 수도 없다는 것이다.[37]

언론기관이 범죄 사실을 보도하면서 피의자를 가명이나 두 문자 내지 이니셜로 특정하면 오직 주변 사람들만이 제한적 범위에서 피의자의 범죄 사실을 알게 된다. 하지만 피의자의 실명을 공개해 범죄 사실을 보도하면 피의자의 범죄 사실을 아는 사람들의 범위가 훨씬 확대된다. 게다가 피의자를 더욱 쉽게 기억할 수도 있다. 결과적으로 피의자에 대한 법익침해도 훨씬 커진다.

그렇다고 모든 경우에 익명보도 원칙을 지켜야 하는 것은 아니다. 특히 공인의 범죄 혐의 또는 살인처럼 중대한 범죄를 저지른 혐의를 받는 용의자에 대해서 그러하다.

그러므로 범죄 사실과 함께 피의자의 실명을 보도함으로써 얻는 공공의 정보에 대한 이익과 피의자의 명예나 사생활이 유지됨으로써 얻는 이익을 비교형량해야 한다. 만약 전자의 이익이 후자의 이익보다 더 우월하다고 인정되면 피의자의 실명을 공개할 수 있다.

여기서 어떠한 경우에 공공의 정보에 관한 이익이 더 우월하다고 보아야 할 것인지는 일률적으로 정할 수는 없다. 먼저 범죄 사실의 내용 및 태양(態樣), 범죄 발생 당시의 정치·사회·경제·문화적 배경과 그 범죄의 영향력이라는 요소를 판단해야 한다. 또 피의자의 직업, 사회적 지위·활동 내지 공적 인물로서의 성격 여부, 범죄 사건 보도에 피의자의 특정이 필요한 정도를 고려해야 한다. 이 밖에도 개별 법률에 피의자의 실명 공개를 금지하는 규정이 있는지 여부, 피의자의 실명을 공개함으로써 침해되는 이익 및 당해 사실의 공표가 이루어진 상대방의 범위를 종합·참작하여 정해야 한다.

다시 말해 첫째, 사회적으로 높은 해악을 끼치는 중대한 범죄에 관한 경우가 있다. 둘째, 사안의 중대성이 그보다 다소 떨어지더라도 정치·사회·경제·문화적 측면에서 비범해서 공공에게 중요하거나 공공의 이익과 연관성을 갖는 경우가 있다. 셋째, 피의자가 갖는 공적 인물로서의 특성과 업무 및 활동과의 연관성 때문에 일반 범죄의 수준을 넘어서는 시사성이 인정되는 경우가 있다. 이런 경우에는 소년법 등 개별 법률이나 다른 특별한 사정에 어긋나지 않는 한 공공의 정보에 관한 이익이

더 우월하다고 본다. 그래서 피의자의 실명을 공개하여 보도하는 것이 허용될 수 있다.[38]

그런데 공공의 정보에 대한 이익이 피의자의 이익보다 더 우월하다고 판단되더라도 보도 내용이 진실과 다르면 실명이 보도된 피의자에 대한 법익침해의 정도는 반대의 경우보다 더욱 커진다. 그러므로 언론기관이 피의자의 실명을 공개하여 범죄사실을 보도할 경우에는 보도 내용이 진실인지 여부를 확인할 주의의무가 더욱더 높아진다.

예술작품에 의한 명예훼손

모델소설과 명예훼손

우리 헌법 제22조는 "모든 국민은 학문과 예술의 자유를 가진다."라고 규정하고 있다. 예술의 자유는 창작 소재, 창작 형태 및 창작 과정에 대한 임의로운 결정권을 포함한 예술 창작 활동의 자유와 창작한 예술작품을 일반 대중에게 전시·공연·보급할 수 있는 예술 표현의 자유를 포괄한다. 그러나 이러한 예술의 자유가 무제한적인 기본권은 아니기 때문에 타인의 권리와 명예를 침해해서는 안 된다.

그런데 소설, 연극, 영화 등 작품 속의 인물이 실제의 인물을 연상시키는 경우가 있다. 이럴 때는 작품 속에 작중인물의 사회적 평가를 훼손할 만한 표현이 모델(model)이 된 인물에 대한 명예훼손에 해당되는지가 문제된다. 특히 실명(實名)소설의 경우 이 문제가 더욱 중요해진다.

모든 창작품은 많든 적든 모두 현실에 바탕을 둔 것이다. 그래서 한편으로는 모델이 된 사람의 명예를 보호해야 하고, 다른 한편으로는 예술 활동을 보호해야 할 책임이 발생한다. 그 경계선을 어디에서 그어야 할 것인지가 어렵고도 중대한 문제이다.

모델소설의 대표적인 사례로 독일의 유명한 소설가 토마스 만의 아들인 클라우스 만(Klaus Mann)이 망명 중이던 1936년에 썼던 『메피스토(Mephisto)』를 들 수 있다. 이는 독일의 현대 연극 예술가가 나치스의 선전원으로 전락해 가는 모습을 그린 반시대적 소설이다.

소설은 저자의 친구이자 매부였던 연극배우 구스타프 그륀트겐즈(Gustav Gründgens)를 모델로 삼았다. 주인공인 헨드릭 회프겐(Hendrik Höfgen)은 나치스 권력자들과 결탁하고 예술가로서의 출세를 위하여 그의 정치적 신조를 부인하고 모든 인간적, 윤리적 구속을 벗어 버린다. 그런데 그 내용 중 회프겐의 부정적인 성격이나 행동, 특히 흑인 무용수와의 마조히즘적 성관계는 그륀트겐즈와 상관이 없었다. 이 소설이 1956년 동베를린에서, 그리고 1963년 서독에서 출간되자 그륀트겐즈의 사후 양자이자 상속인이 위 소설의 판매 금지를 청구했다. 이에 대하여 독일연방대법원은 위와 같은 허위 내용은 죽은 이의 인격권을 침해한 것이라는 이유로 이를 인용한 바 있다.

이처럼 실제 인물이나 사건을 모델로 삼은 소설이나 영화가 역사적 사실을 왜곡하는 방법으로 인물의 명예를 훼손하는 경우에는 비록 그것이 예술작품의 창작과 표현 활동의 영역에서 발생했다고 하더라도 문제가 된다. 그래서 작품을 창작한 사람에게 명예훼손으로 인한 불법행위책임을 물을 수 있다.[39]

그러나 소설이나 영화가 개인의 명예를 훼손한 경우에도 그 목적이 공공의 이익을 위한 것일 때, 행위자가 적시된 사실을 진실이라고 믿거나 그럴 만한 이유가 있다면 그에게 불법행위 책임을 물을 수 없다. 이때는 적시된 사실의 내용, 진실이라고 믿은 근거나 자료의 확실성, 표현 방법, 피해자의 피해 정도 등 여러 사정을 종합해 판단한다.

한편 모델소설이 모델에 대한 명예훼손이 성립되느냐의 여부와 관계없이 사생활의 공표로서 모델의 프라이버시를 침해한 것으로 인정되기도 한다. 공개된 사실이 진실인 경우에도 사생활 침해는 성립될 수 있기 때문이다.

역사 드라마의 명예훼손

방송 드라마는 대본 작가 및 연출자 등을 비롯한 제작진들의 상상력에 기초하여 가상적인 인물들이 전개해 나가는 이야기를 영상화한 창작물이다. 기본적으로는 등장인물과 내용이 허구라고 전제하지만, 작품의 현실감을 더하고 시청자의 흥미와 감동을 유발하기 위해 역사적 사건이나 인물을 소재로 삼는 경우가 있다.

이러한 역사 드라마도 의사 표현의 매개체이자 예술 장르의 일종이다. 그러므로 헌법상 언론·출판의 자유 또는 예술의 자유에 의해 권리를 보장받는다. 다만 이런 자유가 무제한적인 기본권은 아니기 때문에 타인의 권리와 명예를 침해해서는 안 된다.

역사 드라마에서 방영하는 인물에 대한 묘사가 명예훼손에 해당하려면 이미 망인이 된 인물의 사회적·역사적 평가를 저하시킬 만한 구체적인 허위 사실이 드러나야 한다. 이때 허위 사실 인정 여부는 건전하고 합리적인 상식을 가진 시청자를 기준으로 판단해야 한다.[40]

그런데 적시된 사실이 역사적 사실이라면 시간이 경과함에 따라 점차 망인이나 유족의 명예보다는 표현의 자유가 더 크게 보장되어야 한다. 또 객관적 자료의 한계로 인해 진실 여부를 확인하는 작업이 용이하지 않은 점도 고려해야 한다.[41]

역사 드라마의 역사적 사실은 당대에서도 그 객관적 평가가 쉽지 않다. 또 시간이 흐르면서 그 실체적 진실 여부를 확인하는 것이 더욱 어려워진다. 그러므로 이를 소재로 드라마를 창작, 연출할 때 명백한 객관적 자료로 뒷받침되는 단편적 사실만을 묶어 현실감 있는 이야기를 전개하는 데는 근본적인 한계가 있다. 연출자는 이 한계를 뛰어넘기 위해 작가적 해석 및 평가와 예술적 창의력을 발휘하고, 허구적 묘사를 통해 객관적 사실들 사이의 간극을 메운다. 합리적인 시청자라면 역사 드라마가 사실을 서술하는 기록물이 아니라 허구적 상상력을 중심으로 이야기를 전개한다고 믿을 것이다. 그러므로 허구적 묘사가 역사적 개연성을 잃지 않는 한 일부분만 따로 떼어 허위 사실을 적시한 것으로 단정해서는 안 된다.

역사 드라마는 예술적 표현의 자유로 얻어지는 가치와 인격권의 보호에 의해 달성되는 가치의 이익형량을 고려해야 한다. 물론 위에서 본 역사 드라마의 특성과 드라마의 주된 제작 목적, 드라마에 등장하는 인물과 사건이 이야기의 중심인지 아니면 배경인지도 판단해야 한다. 또 실존인물이 표현하는 역사적 사실과 가상인물을 앞세운 허구적 이야기가 드라마에서 차지하는 비중, 실존인물과 가상인물이 결합된 구조와 방식도 고려할 필요가 있다. 마지막으로 묘사된 사실이 이야기 전개 과정에서 허구로 승화되어 시청자의 입장에서 그것이 실제로 일어난 역사적 사실로 오해하지 않을 정도인지도 따져보아야 한다.[42]

실제로 백범 김구 선생 암살 사건을 다룬 논픽션 드라마에서 암살 배후로 묘사된 사람의 명예훼손 청구가 있었다. 이에 대해 대법원은 방송사가 내용이 진실하다고 믿었고 또 그렇게 믿을 상당한 이유가 있어 고의나 과실이 없다는 이유로 불법행위책임이 성립되지 않는다고 판결한 바 있다.[43]

한편 실명을 거론하는 논픽션 라디오 드라마에서는 일반 청취자가 그 내용을 사실이라고 받아들이기가 쉽다. 반면 신속성의 요청은 일반 보도에 비하여 그다지 크다고 할 수 없다. 그러므로 단순히 풍문이나 억측이 아닌 신빙성 있는 자료에 의거해야 할 필요성이 좀 더 크다. 방송의 기초가 되는 자료의 진위를 당사자 본인이나 주변인물을 통해 확인하는 등 사전에 충분히 조사를 해야 하는 것이다. 만약 이러한 단계를 거치지 않은 채 명예훼손 내용이 담긴 논픽션 라디오 드라마를 그대로 방송했다면 방송사 측에 책임이 있다고 밝힌 사례도 있다.[44)

풍자만화 또는 시사만평의 명예훼손

풍자만화나 시사만평은 직설적인 언행과는 달리 풍자나 은유, 희화적 표현기법을 사용한다. 일반 독자들도 그러한 속성을 감안하여 받아들이는 경향이 있다. 그런 만큼 어느 정도의 과장은 용인할 수 있다.

가령 1997년 IMF 구제금융 사태 당시 경제부총리였던 원고가 항공권을 구입하고 해외도피를 의논하는 장면을 담은 풍자만화가 일간지에 실렸다. 원고는 경제위기를 부른 책임자로 지목되면서 검찰수사가 거론되고 있었고, 새로 출범할 정부는 책임자 처벌에 대한 강력한 의지를 피력하는 상황이었다. 만화는 그가 책임 추궁을 면하기 어려운 절박한 상황에 처해 있음을 희화적으로 묘사했고, 그가 해외로 도피할 가능성이 있음을 암시했다. 아울러 그에 대한 출국 금지 조치가 필요하다는 견해를 우회하여 표현했다. 그러나 대법원은 이것이 구체적 사실을 적시하였다고 볼 수 없다는 이유로 명예훼손이 아니라고 밝혔다.[45)

상업영화의 명예훼손

실제 인물이나 사건을 모델로 삼은 영화가 허위 사실을 적시하여 개인의 명예를 훼손할 수도 있다. 이러한 경우에도 그 목적이 공공의 이익에 있고 행위자가 적시된 사실을 진실이라고 믿을 만한 상당한 이유가 있으면 그 행위자에게 불법행위책임을 물을 수 없다.

특히 영화에서 적시된 역사적 사실에 대해서는 망인이나 유족의 명예보다는 표현의 자유가 보호되어야 한다. 또 객관적 자료의 한계 때문에 진실 여부를 확인하는 작업이 용이하지 않은 점도 고려해야 한다. 아울러 영리적 목적하에 일반 대중을 관객층으로 예정하여 제작하는 상업영화는 상업적 흥행이나 관객의 감동 고양을 위하여 역사적 사실을 다소 각색할 수 있다. 의도적인 악의를 드러내지 않는다면 상업영화의 본질적 영역으로 용인될 수 있는 것이다. 또 상업영화를 접하는 일반 관객도 영화의 모든 내용이 실제 사실과 일치하지는 않는다는 전제하에서 영화를 관람한다는 점도 고려할 필요가 있다(영화 「실미도」 사건 참고).[46]

한편 영화사는 대중적 관심을 이끌어 내고 이를 확산하기 위하여 통상적으로 영화와 별개로 영화를 광고하고 홍보한다. 이때 허위 사실을 표현하여 개인의 명예를 훼손할 수 있다. 그러나 영화사가 영화의 내용을 진실이라고 믿었고 또 그렇게 믿을 만한 상당한 이유가 있다면 명예훼손으로 인한 불법행위책임을 물을 수 없다.

상업영화에서 내용의 특정 부분을 적시하지 않은 채 '영화의 전체 내용이 진실'이라고 광고·홍보하였다고 하더라도 마찬가지다. 이때도 특별한 사정이 없는 한 영화의 모든 내용이 진실이라는 의미라고 보아서는 안 된다. 전체적으로 역사적 사실에 바탕을 두었으며 극적 허구와의 조화 속에서 확인된 사실관계를 최대한 반영했다는 취지로 이해해야 한다.

언론사 간의 보도와 명예훼손

언론사는 타인에 대한 비판자로서 언론의 자유를 누리는 범위가 넓다. 그런 만큼 언론사가 다른 언론사를 보도하거나 비판한 경우 감수해야 할 범위도 넓다. 또 언론사는 스스로 반박할 수 있는 매체를 가지고 있어서 이를 통하여 잘못된 정보로 인한 왜곡된 여론의 형성을 막을 수 있다. 이처럼 어떤 언론사의 인격권 보장은 다른 언론사의 언론자유를 제약하는 결과가 된다. 이런 점을 감안하면, 언론사에 대한 감시와 비판 기능은 다분히 악의적이거나 상당성을 잃은 공격이 아닌 한 쉽게 제한해서는 안 된다.[47]

따라서 언론사들 사이에 의문이나 의혹을 제기하는 것은 개연성이 있는 한 광범위하게 허용해야 한다.[48] 수사적인 과장 표현도 언론기관이 서로 반박할 수 있다는 점을 고려하면 개인에 대한 명예훼손보다 넓게 용인된다.

가령 한 언론사가 다른 언론사가 발행하는 신문을 '처첩신문'이라고 표현하였다면 어떨까. 대법원은 이 경우 모멸적인 표현에 의한 인신공격이나 불법행위에 해당한다고 볼 수 없다는 판결을 내린 바 있다.[49]

또 「동아일보」의 과거 친일행적이나 기자 대량해고 사태 등에 관하여 「한겨레신문」이 비판적인 기사와 만평을 보도한 사안도 전체적으로 위법하다고 볼 수 없다고 판결한 사례가 있다. 그 내용 중 일부 정확하지 않거나 지나치게 자극적인 표현이 있더라도 주요 내용이 진실에 부합하거나 이를 진실하다고 믿을 만한 상당한 이유가 있다고 보았기 때문이다.[50]

그 밖에 언론사가 정치 강연회에서 초청연사의 발언을 인용하는 방법으로 다른 언론사의 명예를 훼손하는 내용의 기사를 게재한 사안도 논란이 된 적 있다. 대법원은 내용의 진위가 불명확하고 출처도 특정하기 어려운 인터넷 게시물에 근거한 발언을 진실이라고 믿을 만한 상당한 이유가 있다고 볼 수 없다고 밝혔다. 다만 제반 사정상 위 기사는 언론사에 대한 정당한 감시와 비판 기능의 수행으로 보호해야 할 범위에 속하며, 명예훼손 행위가 악의적이거나 현저히 상당성을 잃어 위법하다고 볼 수 없다며 표현의 자유를 더 우월한 가치로 인정했다.[51]

종교에 대한 비판과 명예훼손

우리 헌법 제20조 제1항은 "모든 국민은 종교의 자유를 가진다."라고 규정한다. 종교의 자유에는 자신이 신봉하는 종교를 선전하고 새로운 신자를 규합하는 선교의 자유가 포함된다. 또한 이 선교의 자유에는 다른 종교를 비판하거나 다른 종교의 신자에 대해 개종을 권고하는 자유가 포함된다. 종교적 선전과 타 종교에 대한 비판은 모두 표현의 자유에 속하는 보호 대상이다.

그런데 종교의 자유에 관한 헌법 제20조 제1항은 표현의 자유에 관한 헌법 제21조 제1항에 대하여 특별히 규정하고 있다. 따라서 종교적 목적을 위한 언론·출판은 일반적인 언론·출판에 비하여 좀 더 높은 권리를 보장을 받는다. 자연히 다른 종교나 종교집단을 비판할 권리도 최대한 보장받는 셈이다.[52]

물론 이 때문에 타인의 명예 등 인격권을 침해하는 경우가 발생할 수 있다. 이때 종교의 자유 보장과 개인의 명예 보호라는 두 법익을 어떻게 조정할 것인지는 비판행위로 얻어지는 이익, 가치와 공표가 이루어진 범위의 넓고 좁음, 비판행위 자체에 관한 제반 사정을 감안해야 한다. 이와 동시에 비판으로 훼손되거나 훼손될 수 있는 타인의 명예 침해 정도를 비교·고려하여 결정한다.[53]

그런데 언론·출판의 목적이 다른 종교나 종교집단에 대한 신앙교리 논쟁이라면 이런 비판 권리는 더욱더 보장을 받는다. 즉 같은 종파 신자들에게 비판하고자 하는 내용을 알리고, 다른 종파에 속하는 사람들에게도 자신의 신앙교리와 반대종파에 대한 비판 내용을 알리기 위해서라면 비판 권리가 더욱 크게 보장받는다.[54]

인터넷과 명예훼손

인터넷의 특성과 홈페이지 운영자의 관리 책임

인터넷은 기본적으로 대량 의사소통을 위한 대중매체다. 이른바 정보통신매체로서 종래의 인쇄매체, 영상매체, 전파매체와 비교하면 진입장벽이 낮고, 표현의 쌍방향성이 보장된다. 이용을 할 때에도 적극적이고 계획적인 행동이 필요하다는 특성을 지닌다. 그래서 오늘날 가장 거대하고 주요한 표현매체로서 가장 참여적인 (매체)시장 또는 표현촉진적인 매체로 정의된다.

그런데 인터넷상의 홈페이지 운영자가 자신이 관리하는 전자 게시판에 타인의 명예를 훼손하는 내용이 게재된 것을 방치하였을 때 명예훼손으로 인한 손해배상책임을 부담해야 하는지가 문제가 된다. 결론부터 말해서, 만약 운영자가 게시물을 삭제할 의무가 있는데도 정당한 사유 없이 이를 이행하지 않았을 때는 명예훼손의 책임을 진다.

여기서 관리자에게 게시물을 삭제할 의무가 있는지는 다음과 같은 내용을 바탕으로 판단한다. 즉 게시 목적과 내용, 게시 기간과 방법, 그로 인한 피해 정도, 게시자와 피해자의 관계, 반론 또는 삭제 요구의 유무 등 게시에 관련한 쌍방의 대응 태도를 종합하여 판단한다. 또한 당해 사이트의 성격 및 규모·영리 목적의 유무, 개방 정도, 운영자가 게시물의 내용을 알았거나 알 수 있었던 시점, 삭제의 기술적·경제적 난이도도 고려해야 한다. 특별한 사정이 없다면 단지 홈페이지 운영자가 제공하는 게시판에 제삼자의 명예를 훼손하는 글이 게시되고, 운영자가 이를 알았거나 알 수 있었다는 사정만으로 그 글을 즉시 삭제할 의무를 진다고 할 수는 없다.[55]

포털사이트와 명예훼손

인터넷은 지금까지의 어느 매체와도 비교할 수 없을 정도로 가장 완성된 참여 형태의 대중매체이다. 인터넷의 이러한 기능은 인터넷 이용자가 자유롭게 활동하면서 의사소통의 시공간을 넓힐 수 있는 가상공간을 제공하는 포털사이트(인터넷 종합 정보 제공 장소)가 있기 때문에 더욱 강력해진다.

특히 인터넷의 매체로서의 특성은 '뉴스 서비스'에서 두드러진다. 이것은 포털사이트가 신문사, 통신사, 인터넷신문으로부터 뉴스 기사를 제공받아 인터넷 이용자들이 열람하거나 검색을 통하여 조회할 수 있도록 만든 서비스다.

그런데 포털사이트에서 이루어지는 인터넷 이용자들의 표현 행위는 인터넷의 대중매체로서의 특성인 쌍방향성, 접근 용이성, 전파 신속성, 시공간 초월성에 힘입어 종래의 대중매체에서 볼 수 있는 것과는 전혀 다른 형태를 띤다. '1인 매체' 위주의 인터넷 이용자들은 매체로서의 기능을 주도한다. 정보와 의견 교환에는 적극적·개방적이고, 형태도 다양하며, 시간과 장소에 구애받지 않고, 자유롭고 신속하다.

따라서 만약 이러한 사업자에 대하여 그가 제공한 인터넷 게시공간에서의 표현 행위와 관련하여 법적 규제의 폭을 넓힌다면 위와 같이 '1인 매체' 역할을 하는 인터넷 이용자들의 표현 행위가 규제받을 수밖에 없다. 결국 간접적인 형태로 인터넷 이용자들의 표현 자유를 위축시키는 이른바 냉각효과(chilling effect)가 나타난다.

그러나 다른 한편으로 인터넷상의 표현 행위가 불법적인 명예훼손 수단으로 악용될 경우에는 피해자에 대한 권리구제의 실현도 동시에 강구할 필요가 있다. 이는 바로 위에서 살펴본 인터넷의 특성 때문에 피해가 매우 광범위하고 급속히 발생할 수 있기 때문이다.

포털사이트 사업자는 단순한 정보운반자와 다르다. 즉 자신이 운영하는 정보 제공 장소에 게재된 표현물에 대하여 직접적이고 신속한 통제를 가할 수 있다. 그런데도 표현의 자유 신장만을 염두에 두고 명예훼손 게시물로 인하여 발생한 손해에 대하여 아무런 책임도 물을 수 없다거나 그 책임의 범위를 지나치게 축소시키는 것은 명예라는 중대한 인격적 법익 보호를 포기하는 일이다.

따라서 표현 행위라는 법익 보호와 개인의 명예라는 인격적 법익 보호가 서로 상충할 때 그 두 가지 법익의 조화를 찾는 관점에서 한계를 설정해야 한다.

그런데 인터넷에서 타인의 명예를 훼손하는 게시물에 대하여 일차적인 책임을 지는 자는 그 게시물을 직접 게시한 자이다. 사업자에게 관리에 대한 책임을 별도로 인정할 수 있는 경우가 아니라면 곧바로 그에게 명예훼손적 게시물에 대한 불법행위책임을 지울 수 없다. 포털사이트 사업자가 제공한 인터넷 게시공간에 명예훼손 내용이 담긴 글이 게시되었고 포털사이트의 검색 기능을 통하여 인터넷 이용자들이 그 게시물을 쉽게 찾을 수 있다고 해도 그러하다.

포털사이트 사업자의 관리 책임은 불법성이 명백한 게시물로 인한 타인의 법익 침해 가능성을 충분히 인지할 수 있고 관리가 미칠 수 있는 일정한 범위 내에서 제한적으로 인정된다.

포털사이트 사업자에게 그 게시물을 삭제하고 향후 같은 인터넷 게시공간에 유사한 내용의 게시물이 게시되지 않도록 차단할 주의의무는 다음과 같은 상황에서 주어진다. 먼저 피해자로부터 직접적인 요구를 받지 않은 경우라 하더라도 그 게시물이 게시된 사정을 구체적으로 인식하고 있었거나 그 게시물의 존재를 인식할 수 있었음이 외관상 명백히 드러날 경우이다. 또한 기술적, 경제적으로 그 게시물에 대한 관리·통제가 가능한 경우가 두 번째이다.

포털사이트 사업자가 제공하는 인터넷 게시공간에 게시된 명예훼손적 게시물의 불법성이 명백하고, 위 사업자가 위와 같은 게시물로 인하여 명예를 훼손당한 피해자로부터 게시물의 삭제 및 차단 요구를 받은 경우도 마찬가지다. 물론 이때는 명예훼손적 게시물이 게시된 목적, 내용, 게시 기간과 방법, 그로 인한 피해 정도, 게시자와 피해자의 관계, 반론 또는 삭제 요구 유무 등 게시에 관련한 쌍방의 대응 태도에 비추어 판단해야 한다.

만약 게시물을 삭제하기 위하여 필요한 상당한 기간이 지나도록 적절한 처리를 하지 않아서 타인에게 손해가 발생하면 부작위에 의한 불법행위책임이 성립된다.

그런데 포털사이트 사업자가 보도매체로부터 기사를 전송받아 자신의 자료 저장 컴퓨터 설비에 보관하면서 스스로 기사 가운데 일부를 선별하여 자신이 직접 관리하는 뉴스 게시공간에 게재하는 경우가 있다. 이때 그 기사가 타인의 명예를 훼손하는 내용을 담고 있다면 어떨까?

이는 보도매체가 작성·보관하는 기사에 대한 인터넷 이용자의 검색·접근에 관한 창구 역할을 뛰어넘는 행위라고 볼 수 있다. 그러므로 단순히 보도매체의 기사에 대한 검색·접근 기능을 제공하는 것과는 경우가 다르다. 이것은 포털사이트 사업자가 보도매체의 특정한 명예훼손적 기사 내용을 인식하고 이를 적극적으로 선택하여 전파한 행위에 해당한다. 그러므로 특별한 사정이 없는 한 명예훼손적 기사를 보도한 보도매체와 마찬가지로 그로 인하여 명예가 훼손된 피해자에 대해 불법행위로 인한 손해배상책임을 진다.[56)]

설령 포털사이트 사업자가 보도매체로부터 기사를 제공받기로 하면서 기사를 임의로 삭제할 수 없다고 약정했다 하더라도 이는 보도매체와 사업자 사이의 내부적인 책임 분담 약정에 불과하다. 따라서 이를 이유로 포털사이트 사업자의 기사 선별 및 게재 행위로 인한 책임까지 면할 수는 없다.

명예훼손에 대해 언론사가 면책되는 경우

진실한 사실인가

언론기관은 국민의 알권리와 관련하여 사회적으로 중요한 사실을 신속하게 보도할 의무가 있다. 그러나 취재 시간이 부족하거나 정보 접근에 대한 제약 때문에 사실을 충분히 확인하지 않은 채 진실에 반하는 내용을 보도함으로써 인격권을 침해할 가능성도 함께 갖고 있다. 이렇게 언론의 자유와 국민의 인격권이 충돌할 경우 어떤 기본권이 우선하는지, 또 두 기본권이 조화를 이루는 지점은 어디인지에 대해 많은 논란이 있어 왔다.

이에 대하여 우리 형법 제310조는 공연히 사실을 적시하여 사람의 명예를 훼손한 경우에 그것이 "진실한 사실로서 오로지 공공의 이익에 관한 때에는 처벌하지 아니한다."라고 규정한다.

따라서 언론·출판을 통해 사실을 적시함으로써 타인의 명예를 훼손했어도 그것이 공공의 이해에 관한 사항으로서 오로지 공공의 이익을 위한 목적일 때에는 행위에 위법성이 없다. 물론 그와 함께 진실한 사실이라는 점이 증명되어야 할 것이다.

여기서 "적시한 사실이 공공의 이익에 관한 경우"란 적시된 사실이 객관적으로 볼 때 공공의 이익에 관한 것으로서, 행위자도 주관적으로 공공의 이익을 위하여 그 사실을 적시했어야 함을 뜻한다. 행위자의 주요한 목적이나 동기가 공공의 이익을 위한 것이라면 부수적으로 다른 사익적 목적이나 동기가 내포되어 있더라도 무방하다. 여기서 "공공의 이익"은 널리 국가와 사회 일반의 이익에 관한 것뿐 아니라 특정한 사회집단이나 구성원 전체의 관심과 이익을 포함한다.

나아가 적시한 사실이 공공의 이익에 관한 것인지 여부는 피해자가 공인(公人)인지 아니면 사인(私人)인지를 먼저 판단해야 한다. 그 밖에 고려할 사항으로는 다음과 같은 것들이 있다.

먼저 그 표현이 객관적으로 국민이 알아야 할 공공성·사회성을 갖춘 공적 관심 사안에 관한 것으로 사회의 여론 형성 내지 공개토론에 기여하는가? 아니면 순수한 사적인 영역에 속하는가? 피해자가 그와 같은 명예훼손적 표현의 위험을 자초했는가? 마지막으로, 그 표현에 의해 훼손되는 명예의 성격과 침해의 정도, 표현 방법과 동기 등은 어떠한가?[57]

"진실한 사실"이란 내용 전체의 취지를 살펴볼 때 중요한 부분이 객관적 사실과 합치되는 사실이라는 의미이다. 그러므로 보도의 신속성이 필요하고 객관적 진실 파악이 곤란하다는 점을 고려하여 세부적으로 진실과 약간 차이가 나거나 다소 과장된 표현이 있더라도 무방하다.[58]

그런데 우리 대법원은 여기서 더 나아가 보도사실이 진실한 것이라는 증명이 없더라도 행위자가 그 사실을 진실한 것으로 믿었고 또 그렇게 믿을 만한 상당한 이유가 있으면 위법성이 없다고 말한다.[59]

행위자가 보도 내용이 "진실이라고 믿을 만한 상당한 이유"가 있는지의 여부는 다음과 같은 여러 사정을 종합해 보아야 한다. 즉 적시된 사실의 내용, 진실이라고 믿은 근거나 자료의 확실성과 신빙성, 사실 확인의 용이성, 보도로 인한 피해자의 피해 정도를 파악해야 한다. 그런 뒤에 행위자가 보도 내용의 진위 여부를 확인하기 위하여 적절하고 충분한 조사를 했는지, 그 진실성이 객관적이고 합리적인 자료에 의해 뒷받침되는지를 고려한다.[60]

그런데 언론·출판의 자유와 명예 보호 사이의 한계를 설정할 때는 표현된 내용이 사적 관계에 관한 것인지 공적 관계에 관한 것인지에 따라 차이가 있다. 해당 표현으로 인한 피해자가 공적인 존재인지 사적인 존재인지, 그 표현이 공적인 관심 사안에 관한 것인지 사적인 영역에 속하는 사안인지에 따라 심사 기준에 차이가 생긴다. 공공적·사회적 의미가 있는 사안에 관한 표현이라면 언론의 자유에 대한 제한이 완화되어야 한다. 언론의 공적인 관심사에 대한 감시와 비판 기능은 그것이 악의적이거나 현저히 상당성을 잃은 공격이 아닌 한 쉽게 제한되어서는 안 된다.[61]

언론은 사회의 목탁으로서 국민의 알권리를 보호·신장하고 인간의 존엄과 가치를 존중하며 민주적 여론 형성에 기여하는 등의 공적 임무를 수행하는 사회적 책임을 진다. 오늘날은 근거가 없거나 왜곡된, 출처 불명의 정보가 광범위하고 신속하게 전파된다. 이런 정보는 여론을 오도하고 개인의 인권에 치명적인 타격을 가하면서, 날이 갈수록 커다란 사회문제로 대두되고 있다. 이것이 바로 인터넷 등 새로운 정보통신매체의 비약적

발달에 따른 폐단이다. 그러므로 언론이 거칠고 여과되지 않은 수많은 정보의 옥석을 가려 독자로 하여금 근거 없는 유언비어에 현혹되지 않도록 이끌 책임이 무엇보다 중요해지고 있다.

만약 어떤 정보를 접한 언론이 내용의 정확성에 미심쩍은 부분이 있음을 충분히 알 수 있는데도 이를 진실이라고 속단한 채 보도하였다면, 뒤에 그 내용이 허위로 드러난 경우 책임을 면할 수 없다. 그러므로 먼저 가능하면 모든 방법을 동원해 의문점을 해소함으로써 진실이라고 믿을 만한 상당한 근거가 있는지를 합리적으로 판단해야 한다. 이때 절대로 형식적이고 미진한 조사에 그쳐서는 안 된다.[62]

인터넷에서 무료로 취득한 공개 정보는 누구나 손쉽게 복사·가공하여 게시·전송할 수 있다. 자연히 내용의 진위가 불명확하고, 궁극적인 출처도 밝혀내기 어렵다. 그래서 특정한 사안에 대해 관심이 있는 사람들이 접속하는 인터넷상의 가상공동체(cyber community) 자료실이나 게시판에 게시·저장된 자료를 보고 사실관계 조사나 확인 없이 다른 사람의 사회적 평판을 저하시킬 만한 사실을 적시하였다면 문제가 발생한다. 설령 행위자가 그 내용이 진실이라 믿었다 한들, 그렇게 믿을 만한 상당한 이유가 있다고 보기도 어렵다.[63]

한편 타인의 명예를 훼손하는 표현 내용이 진실인지 또는 행위자가 그것을 진실이라고 믿을 만한 상당한 이유가 있는지 여부는 표현 당시의 시점을 기준으로 판단한다.[64] 다만 그 전후에 밝혀진 사실들을 참고해서 표현 시점에서의 진실성 및 상

당성 여부를 가릴 수도 있다. 즉 표현 행위 후에 수집된 증거자료도 판단 증거로 삼을 수 있다.[65]

　이쯤에서 언론·출판을 통해 사실을 적시함으로써 타인의 명예를 훼손하는 경우에 대해 알아보기로 하자. 피해자(원고)가 청구원인으로 적시된 사실이 허위 사실이거나 허위평가라고 주장하며 손해배상을 청구할 때에는 허위성에 대한 입증책임이 피해자에게 있다. 다만 언론기관(피고)이 적시된 사실이 진실하고 공공의 이익에 관한 것이므로 위법성이 없다고 항변할 경우에는 그 위법성을 조각시키는 사유에 대한 입증책임이 언론기관에 있다.[66] 또 행위자가 보도 내용을 진실이라고 믿을 만한 상당한 이유가 있다는 점에 대한 입증책임도 명예훼손을 한 언론매체에 있다.

　수사당국이나 국가기관의 발표는 일반 개인의 경우에 비하여 발표 내용의 진실성 유무에 대한 주의가 더욱 엄격히 요구된다. 부동산투기가 한창이던 1990년대 초, 국세청장이 발표한 부동산투기자의 명단에 든 사람이 발표 내용이 허위라면서 국가를 상대로 손해배상을 청구한 일이 있었다. 이때 대법원은 국가기관이 공표 당시 이를 진실이라고 믿었고 또 그렇게 믿을 만한 상당한 이유가 있는지를 판단할 때 일반 개인보다도 훨씬 더 엄격한 기준이 요구된다고 밝혔다.[67]

공정한 논평인가

언론의 논평이나 해설보도에 의해 타인의 명예를 훼손했을 경우 언론이 면책될 수 있을까? 신문, 방송, 잡지의 논평기사 (opinion)는 사실에 대한 보도라는 측면과 함께 가치판단을 내포하는 경우가 많다. 따라서 이러한 논평보도에 의해서도 상대방의 사회적 평가가 저하될 수 있다. 물론 이때 언론의 자유라는 가치와의 조화를 고려하지 않으면 안 된다. 이에 관하여 영국과 미국의 명예훼손법에서는 '공정한 논평의 법리(fair comment rule)'를 인정한다. 즉 공공의 이익에 관한 사항 또는 일반 공중(公衆)의 관심사에 대해서는 논평의 자유를 보장한다. 또 그것을 정당화할 만한 진실된 사실에 기초를 두는 한 그 결과로서 피논평자가 사회로부터 받는 평가가 저하된다 하더라도 논평자는 명예훼손의 책임을 지지 않는다.

우리 대법원도 명예훼손은 사실을 적시하는 표현 행위뿐만 아니라 의견 또는 논평을 표명하는 표현 행위에 의해서도 성립할 수 있다고 본다. 그러므로 사실 적시를 전제로 하지 않은 순수한 의견 또는 논평의 경우에는 명예훼손으로 인한 손해배상 책임은 성립되지 않는다는 입장이다.[68]

면책특권이 있는가

타인의 명예를 훼손하는 진술을 발표하는 자는 아무리 선의라 할지라도 그 내용이 진실에 합치하지 않으면 책임을 면하기 어렵다. 그러나 사회생활을 하다 보면 명예훼손의 위험에서 벗어나 언론의 자유를 확보하지 않으면 안 될 영역이 있다. 이 같은 영역에 특권이 있다고 할 수 있다.

특권은 절대적 특권과 제한적 특권의 두 가지로 구별할 수 있다. 절대적 특권(absolute privilege)은 명예훼손의 소를 전혀 제기할 수 없을 만큼 언론의 자유가 중요시되는 경우이다. 이 때 진술이 크게 날조되었거나 발표자의 동기가 지나치게 악의적이라고 하더라도 발표자에게 책임을 물을 수 없다. 제한적 특권(qualified privilege)은 발표자가 선의로서 악의 없이 발표하였음을 조건으로 하여, 허위의 진술인데도 면책되는 경우이다.

영미법상 절대적 특권으로는 ① 의회의원이 의회 내에서 한 진술, ② 의회가 발행한 보고서, 의사록의 내용, ③ 소송절차에 있어서 판사, 배심원, 변호사, 당사자 또는 증인이 한 그 소송에 관한 진술, ④ 변호사와 의뢰자 사이의 직무상 대화 중의 진술, ⑤ 공무원이 다른 공무원에 대하여 직무와 관련해 언급한 진술, ⑥ 공판절차에 관하여 신문이나 방송에 보도된 공정하고 정확한 보도 등이 인정된다.

제한적 특권으로는 ① 공공의 이익에 관한 사항, ② 발표자의 이익에 관한 사항, ③ 타인의 이익에 관한 사항, ④ 공통이익에 관한 사항 등이 인정되고 있다.

우리나라 헌법 제45조도 "국회의원은 국회에서 직무상 행한 발언과 표결에 관하여 국회 외에서 책임을 지지 아니한다."라고 규정하여 이른바 국회의원의 면책특권을 보장한다.

이에 따라 국회의원은 국민의 대표자로서 국회 내에서 자유롭게 발언하고 표결할 수 있다. 여기에는 국회가 입법 및 국정 통제 등 헌법에 의해 부여된 권한을 적정하게 행사하고 그 기능을 원활하게 수행할 수 있도록 보장하는 데 그 취지가 있다.

따라서 국회의원이 본회의 또는 위원회에서 행한 발언이 설사 제삼자의 명예를 해치는 경우가 있더라도 형사상의 책임은 물론 민사상의 책임도 지지 않는다. 이때 적시된 사실이 진실인지, 또 진실이라고 믿은 데 상당한 이유가 있는지, 또는 비방의 목적이 있는지 여부와는 상관없다. 그리고 국회의원의 발언에 대한 회의록을 공개하고 그 내용을 널리 알리는 것도 공개회의에서의 의사를 충실히 보도하는 한 누구의 책임도 물을 수 없다.

면책특권의 대상이 되는 행위는 국회의 직무수행에 필수적인 국회의원의 국회 내에서의 직무상 발언과 표결이라는 의사표현 행위 자체에만 국한되지 않는다. 이에 통상적으로 부수하여 행하여지는 행위까지 포함된다. 따라서 국회의원이 국회의 위원회나 국정감사장에서 국무위원·정부위원에게 하는 질문이나 질의 또는 정부·행정기관에 대한 자료 제출 요구도 면책특권의 대상이 된다. 국회의원이 입법 및 국정통제 활동을 수행하기 위하여 필요로 하기 때문이다.

그러나 국회의원의 발언 내용이더라도 직무와는 아무런 관련이 없거나, 명백히 거짓임을 알면서도 허위 사실을 적시하여 타인의 명예를 훼손하는 경우까지 면책특권의 대상이 될 수는 없다. 물론 발언 내용이 허위라는 점을 인식하지 못하고 직무수행의 일환으로 이루어진 것이라면 면책특권의 대상이 된다. 비록 발언 내용에 다소 근거가 부족하거나 진위 여부를 확인

하기 위한 조사를 제대로 하지 않았다고 하더라도 그러하다.[69]

그런데 지방의회의원에게는 헌법 제45조와 같은 면책규정이 없다. 오히려 지방자치법 제83조 제1항은 "지방의회의 의원은 본회의나 위원회에서 타인을 모욕하거나 타인의 사생활에 대하여 발언하여서는 안 된다."는 규정을 두고 있다. 그러므로 국회의원과 같은 면책은 인정되지 않는다.

법정 진술인가

법정에서 당사자나 대리인 등 소송관계인이 한 발언이 명예훼손이 될 수 있을까?

실체적 진실 발견과 분쟁 해결을 도모해야 할 당사자 및 사건 관계인은 자유롭게 주장하고 발언해야 한다. 따라서 소송에서 밝힌 주장이나 입증 행위는 그중에 상대방이나 대리인의 명예를 훼손하는 행위가 있더라도 그것이 소송에 있어서의 정당한 변론 활동이라고 인정되는 한 위법성을 인정하기 어렵다.

그러나 처음부터 상대방의 명예를 해할 목적으로 허위 사실 또는 사건과 아무런 관련성이 없는 사실을 주장하는 경우, 사회적으로 허용된 범위를 일탈한 것으로서 위법성이 인정된다. 상응하는 근거도 없이 소송진행상의 필요를 초과하여 현저히 부적절한 표현 내용, 방법, 태양(態樣)으로 주장해 상대방의 명예를 현저하게 해하는 경우도 이에 포함된다.

명예훼손 피해에 대한 구제 절차

　　언론의 보도나 타인의 발언으로 인하여 개인의 명예 등 인격권이 침해된 경우 언론은 그에 대한 민·형사상 책임을 진다. 반면 피해자는 민·형사상의 구제 수단을 갖는다.

　　피해자는 민사상으로는 민법상 불법행위책임에 따른 손해배상청구(민법 제750조~제766조)와 사전적 구제 방법으로서 신문의 발행, 배포 금지를 구하는 가처분신청을 제기할 수 있다(민사집행법 제300조 이하). 언론중재 및 피해구제 등에 관한 법률에 따라 언론사에 대해 정정보도와 반론보도 그리고 추후보도를 해줄 것을 청구할 수도 있다.

　　형사적으로는 형법상 명예훼손죄(제307조), 사자(死者)의 명예훼손죄(제308조), 출판물 등에 의한 명예훼손죄(제309조)에 해당

됨을 이유로 들어 수사기관에 고소할 수 있다.

물론 피해자가 언론사에 대해 위와 같은 법적 절차를 취하기 전에 임의로 적절한 피해 구제를 요청하는 경우도 있다(통상 내용증명 우편으로 보낸다). 그러나 언론사의 '우월적 지위'로 인하여 아직까지 그 실효성은 그다지 크지 않다.

손해배상 및 명예회복처분 청구

민법 제750조는 불법행위에 대한 일반적 원칙으로서 "고의 또는 과실로 인한 위법행위로 타인에게 손해를 가한 자는 그 손해를 배상할 책임이 있다."라고 규정한다. 특히 민법 제751조 제1항은 "타인의 신체, 자유 또는 명예를 해하거나 기타 정신상 고통을 가한 자는 재산 이외의 손해에 대하여도 배상할 책임이 있다."라고 명시하고 있다.

따라서 명예 등 인격권을 침해한 사람은 피해자에게 피해자가 입은 재산상의 손해와 정신적인 손해(위자료)를 모두 배상해야 한다. 손해는 원칙적으로 금전으로 배상한다.

불법행위로 인한 손해배상청구권은 피해자나 법정대리인이 손해 및 가해자를 안 날로부터 3년간 이를 행사하지 않으면 소멸한다. 또 불법행위를 한 날로부터 10년이 경과되면 역시 시효로 인하여 소멸한다(민법 제766조).

특히 언론중재 및 피해구제 등에 관한 법률은 언론의 고의 또는 과실로 인한 위법행위로 인하여 재산상 손해를 입거나 인격권 침해, 그 밖에 정신적 고통을 받은 자는 그 손해에 대한 배상을 언론사에 청구할 수 있다고 규정한다(제30조 제1항). 법원은 손해가 발생한 사실은 인정되나 손해액의 구체적인 금액을 산정하기 곤란한 경우에는 변론의 취지 및 증거 조사의 결과를 참작하여 그에 상당하다고 인정되는 손해액을 산정해야 한다.

또 피해자는 인격권을 침해하는 언론사에 대하여 침해 정지를 청구할 수 있으며, 그 권리를 명백히 침해할 우려가 있는 언론사에 대하여 침해 예방을 청구할 수 있다. 침해 행위에 제공되거나 침해 행위에 의해 만들어진 물건의 폐기나 그 밖의 필요한 조치도 청구할 수 있다.

그런데 우리나라 법원에서 명예훼손에 따른 재산상 손해배상에 대해서는 이를 인정하는 예가 거의 없다. 또 정신적 손해배상(위자료)으로 지급을 명하는 액수가 대부분 수백만 원에서 수천만 원에 그친다. 그래서 무책임한 언론의 횡포에 대한 실질적인 제재 수단으로는 미흡하다는 비판이 제기되고 있다.[70]

즉 금전배상만으로는 피해자의 구제가 실질적으로 불충분하거나 불완전할 수 있다. 이러한 결함을 해소하기 위하여 민법은 특칙을 두어 제764조에서 "타인의 명예를 훼손한 자에 대해서 법원은 피해자의 청구에 의해 손해배상에 갈음하거나 손해배상과 함께 명예회복에 적당한 처분을 명할 수 있다."라고 규정한다. 이는 금전에 의한 손해배상만으로는 부족한 피해자의 인격적 가치 훼손에 대한 사회적·객관적인 평가 자체를 회복시키기 위해서다. 이에 따라 과거 우리 법원은 '명예회복에 적당한

처분'으로서 언론사에 대해 사죄 광고를 게재하도록 명한 바 있다.

그런데 헌법재판소는 1991년 명예회복처분으로서 언론사에 대하여 사죄 광고를 명하는 것은 언론사가 가지고 있는 양심의 자유를 침해하는 것이므로 위헌이라고 결정한 바 있다.[71] 이후 '정정보도'를 청구하는 경우가 점차 많아지고 있다.

정정보도 청구

정정보도는 언론의 보도 내용의 전부 또는 일부가 진실하지 않은 경우 이를 진실에 부합하게 고쳐서 보도하는 것을 말한다. 사실적 주장에 관한 언론 보도가 진실하지 않아 피해를 입은 자(피해자)는 해당 언론 보도가 있음을 안 날부터 3개월 이내에 그 언론 보도의 내용에 관한 정정보도를 언론사·인터넷 뉴스서비스사업자[72] 및 인터넷 멀티미디어 방송사업자에게 청구할 수 있다(언론중재 및 피해구제 등에 관한 법률 제14조 제1항). 다만 해당 언론 보도가 있은 후 6개월이 경과하면 정정보도를 청구할 수 없다.

여기서 규정하는 정정보도청구권은 민법상 불법행위에 대한 청구권이나 반론보도청구권과는 전혀 다른 새로운 성격의 청구권이다.

허위 언론 보도로 피해를 입었을 때 피해자는 기존의 민·형사상 구제제도로 보호를 받을 수도 있다. 하지만 언론사 측에 고의나 과실이 없거나 이를 입증하기 어려운 경우, 위법성조각사유가 인정되는 이유로 민사상의 불법행위책임이나 형사책임을 추궁할 수 없는 경우에는 그렇지 않다. 이때 피해자는 언론보도의 전파력으로 말미암아 심각한 피해 상황에서 벗어날 수 없다. 그러므로 피해자가 그러한 심각한 피해 상황으로부터 벗어날 수 있도록 하는 구제책이 필요해진다. 이에 적합한 구제책은 언론사나 기자 개인에 대한 책임추궁이 아니라, 문제의 보도가 허위임을 동일한 매체를 통하여 동일한 비중으로 보도·전파하도록 하는 것이다. 여기에 기존의 불법행위법에 기초한 손해배상이나 형사책임의 추궁과 별도로 언론 중재법상의 정정보도청구권을 인정한 의미가 있다.[73]

물론 언론이 공공의 이익에 관련되는 중요한 사안에 관하여 위축되지 않고 신속히 보도함으로써 언론·출판의 자유가 지닌 본래의 기능을 훌륭히 수행하는 것은 매우 중요하다. 그러나 진실도 그에 못지않은 정의(正義)에 대한 강력한 요구이다. 그러므로 언론 보도가 진실하지 않아 타인의 권리를 계속해서 침해하고 있는 한, 이를 정정하지 않은 채로 그대로 내버려 두는 것은 정의에 반한다. 진실에 대해 일방적으로 침묵을 강요하는 것을 언론·출판의 자유라는 이름으로 정당화할 수는 없다.

피해자가 아니더라도 국가·지방자치단체, 기관 또는 단체의 장은 당해 업무에 대하여 그 기관 또는 단체를 대표하여 정정보도를 청구할 수 있다(제14조 제3항). 또 민사소송법상 당사자능력이 없는 기관 또는 단체라도 하나의 생활단위를 구성하고 보도 내용과 직접적인 이해관계가 있는 때에는 대표자가 정정보도를 청구할 수 있다(제14조 제4항).

정정보도청구는 언론사의 대표자에게 서면으로 해야 한다. 청구서에는 피해자의 성명, 주소, 전화번호 같은 연락처를 기재하고 정정 대상인 언론 보도의 내용 및 정정을 구하는 이유와 청구하는 정정보도문을 명시해야 한다(제15조 제1항). 다만 인터넷신문 및 인터넷뉴스서비스의 보도 내용이 해당 인터넷홈페이지를 통하여 계속 보도 또는 매개 중인 경우에는 그 내용 정정을 함께 청구할 수 있다.

청구를 받은 언론사의 대표자는 3일 이내에 그 수용 여부에 대한 통지를 청구인에게 발송해야 한다(제15조 제2항). 이때 정정 대상인 언론 보도의 내용이 방송이나 인터넷신문·인터넷뉴스서비스 및 인터넷 멀티미디어 방송의 보도 과정에서 성립했다면, 당해 언론사가 그러한 사실이 없었음을 입증하지 않는 한 그 사실을 부인하지 못한다.

언론사가 정정보도청구를 수용하는 때에는 지체 없이 피해자 또는 대리인과 정정보도의 내용과 크기에 관해 협의해야 한다. 청구를 받은 날부터 7일 내에 정정보도문을 방송하거나 게재한다(제15조 제3항). 다만 정기간행물이 제작이 완료되어 부득이하면 다음 발행 호에 이를 게재한다.

정정보도의 청구에는 언론사의 고의·과실이나 위법성이 필요하지 않다(제14조 제2항). 따라서 보도사실이 진실이라는 증명이 없으나 행위자가 그 사실을 진실한 것으로 믿었고 또 그렇게 믿을 만한 상당한 이유가 있어 위법성이 없는 경우에도 정정보도를 할 의무는 발생한다.[74] 정정보도청구의 소 제기로 인하여 민법 제764조 규정에 의한 권리 행사에 영향을 미치지는 않는다(제26조 제4항).

언론중재법에 의한 정정보도를 청구하기 위해서는 해당 보도가 사실적 주장에 관한 것으로서 진실하지 않아야 한다. 여기에서 보도의 진실성은 전체 내용의 취지를 살펴볼 때 중요한 부분이 객관적 사실과 합치되는 사실일 때 인정된다. 세부적으로는 진실과 약간 차이가 나거나 다소 과장된 표현이 있더라도 무방하다.[75] 또한 전체적인 맥락에서 보아도 내용의 중요 부분이 진실에 합치한다면 진실성은 인정된다.[76] 복잡한 사실관계를 알기 쉽게 만드는 과정에서 특정한 내용만 압축하고 강조하거나, 대중의 흥미를 끌기 위하여 실제 사실관계에 장식을 가하는 과정에서 수사적 과장이 얼마간 있더라도 상관없다.

언론사의 정정보도에는 원래의 보도 내용을 정정하는 사실적 진술, 내용을 대표할 수 있는 제목과, 이를 충분히 전달하는 데 필요한 설명 또는 해명을 포함한다. 단 위법한 내용은 제외한다(제15조 제5항). 언론사의 정정보도는 공정한 여론 형성이 이루어지도록 그 사실 공표와 보도가 행해진 동일한 채널, 지면 또는 장소에 동일한 효과를 발생시킬 수 있는 방법으로 이루어져야 한다. 방송의 정정보도문은 자막(라디오방송 제외)과 함께 통상적인 속도로 읽을 수 있도록 한다(제15조 제6항). 이는 반론보도청구나 추후보도청구의 경우에도 마찬가지다.

그런데 언론사는 아래와 같은 상황에서 정정보도청구를 거부할 수 있다. 첫째, 피해자가 정정보도청구권을 행사할 정당한 이익이 없는 때. 둘째, 청구된 정정보도의 내용이 명백히 사실에 반하는 때. 셋째, 청구된 정정보도의 내용이 명백히 위법한 내용인 때. 넷째, 정정보도의 청구가 상업적인 광고만을 목적으로 하는 때. 다섯째, 청구된 정정보도 내용이 국가·지방자치단체 또는 공공단체의 공개회의와 법원의 공개재판절차의 사실보도에 관한 것인 때(제15조 제4항). 이는 반론보도청구의 경우에도 동일하게 적용된다.

반론보도 청구

반론보도라 함은 보도 내용의 진실 여부에 관계없이 그와 대립되는 반박적 주장을 보도하는 것을 말한다. 예를 들어 사실적 주장에 관한 언론 보도로 인하여 피해를 입은 자는 그 보도 내용에 관한 반론보도를 언론사에 청구할 수 있다(제16조 제1항).

반론보도청구권이 인정되는 취지로는 다음의 두 가지를 들 수 있다.[77] 첫째, 언론기관이 특정인의 일반적 인격권을 침해한 경우 피해를 받은 개인에게도 신속·적절하고 대등한 방어수단이 주어져야 한다. 특히 공격 내용과 동일한 효과를 갖도록 보도된 매체 자체를 통하여 방어 주장의 기회를 보장하는 반론권제도가 적절하고, 형평의 원칙에도 잘 보합할 수 있다.

둘째, 독자 입장에서는 언론기관이 시간적 제약 아래 일방적으로 수집·공급하는 정보에만 의존하기보다는 상대방의 반대 주장까지 들어야 비로소 올바른 판단을 내릴 수 있다. 때문에 이 제도는 진실 발견과 올바른 여론 형성에 중요한 기여를 할 수 있다.

이처럼 반론보도청구권은 그 자체가 인격권을 보호하고 공정한 여론을 형성하기 위한 도구일 뿐 진실을 발견하여 잘못을 바로잡아 줄 것을 청구하는 권리가 아니다. 그렇기 때문에 비교적 형식적인 사유에 의한 제한적 예외 사유가 없으면 이를 인용하도록 완화되어 있다. 따라서 반론보도의 청구에는 언론사의 고의·과실이나 위법함을 요하지 아니하며, 보도 내용의 진실 여부를 불문한다(제16조 제2항). 자연히 민사상 손해배상책임이 성립된다고 하여 반드시 반론보도청구권이 인용된다고 볼 수 없고, 그 반대도 마찬가지다.

반론보도청구에 관해서는 따로 규정된 것을 제외하고 정정보도에 관한 규정을 준용한다(제16조 제3항). 다만 반론이 너무 늦게 집행된 나머지 현안성을 상실하면 문제가 된다. 독자나 시청자가 반론의 전제가 된 원래의 보도 내용이 무엇인지를 알 수 없는 지경에 이를 수 있기 때문이다. 이는 반론권을 인정하는 근거 중 하나인 공정한 여론 형성에 참여할 자유나 객관적 질서로서의 언론제도를 보장하는 데도 반하는 것이다. 그러므로 반론보도 청구의 소는 민사 본안 절차가 아니라 가처분 절차에 의해 신속하게 진행된다.

추후보도 청구

언론에 의해 범죄 혐의가 있거나 형사상의 조치를 받았다고 보도된 자는 그에 대한 형사절차가 무죄판결이나 이와 동등한 형태로 종결된 때에는 언론사에 이 사실에 관한 추후보도 게재를 청구할 수 있다. 단 그 사실을 안 날부터 3개월 이내에 한한다(제17조 제1항). 이런 추후보도에는 청구인의 명예나 권리회복에 필요한 설명과 해명이 포함되어야 한다(제17조 제2항).

추후보도청구권은 특별한 사정을 제외하고는 정정보도청구권이나 반론보도청구권의 행사에 영향을 미치지 않는다(제17조 제4항). 따라서 반론보도나 정정보도를 했거나 손해배상을 했다고 하더라도 다시 이와는 별도로 추후보도를 하는 경우도 있다. 추후보도청구권에 관해서는 정정보도청구권에 관한 규정을 따른다(제17조 제3항).

조정 및 재판절차

정정보도청구나 반론보도청구, 추후보도청구 그리고 민사상 손해배상청구와 관련하여 분쟁이 있으면 피해자 또는 언론사는 바로 법원에 제소할 수 있다. 또한 언론중재위원회에 조정을 신청할 수도 있다(제18조제1항).

언론분쟁 조정제도는 화해에 의한 명예로운 해결 기회를 부여하는 우리 법제의 독특한 제도이다. 그뿐만 아니라 조정을 담당하는 언론중재위원회의 중재부에 직업 법관 이외에 언론계의 실정에 정통한 전문가를 위원으로 함께 참여시킴으로써 언론과 피해자 쌍방을 이해시키는 데 유리하다. 또한 언론의 입장에서 보면 법원의 재판절차 이전 단계에서 절충할 기회를 갖는 이점이 있다. 이에 비해 피해자의 입장에서 보면 재판절차상의 비용과 번잡함을 피하여 피해 구제를 시도할 수 있다는 제도적 장점이 있다.[78]

한편 언론의 보도로 인한 분쟁조정·중재 및 침해 사항을 심의하는 언론중재위원회는 실무상 조정 성립률을 높이기 위하여 한 단계 낮은 수준의 조정을 시도해 왔다. 즉 손해배상 조정 신청인 경우에는 일부 정정보도나 반론보도를 하는 방식으로, 정정보도 조정 신청인 경우에는 일부 반론보도를 하는 형식이다. 그런데 조정이 성립되면 피해자로 하여금 조정 신청의 대상도 아닌 민·형사상의 모든 권리(손해배상 청구나 형사고소권 등)를 포기하도록 하는 경우가 많다. 이 때문에 오히려 피해자의 다양한 법적 구제 수단을 제한하고 있다는 비판이 제기되고 있다.

또 언론중재위원회가 언론분쟁의 '중재절차'보다는 '조정절차'가 압도적으로 많은 상황인데도[79] '언론분쟁조정위원회'라는 명칭 대신에 대한상사중재원과 유사한 '언론중재위원회'라는 명칭을 계속 사용해 왔다. 이로 인해 마치 언론중재위원회가 피해자나 언론사의 화해 거부에도 불구하고 직권으로 언론분쟁에 대해 정정보도문이나 반론보도문 게재 등 중재 결정을 하는 기관인 것처럼 오인되고 있다. 이런 상황 때문에 언론중재위원회의 명칭 자체가 부적절하며, 정정 대상이라고 보는 본질적인 지적도 제기되고 있다.

정정보도청구와 손해배상의 조정 신청은 해당 언론 보도가 있음을 안 날부터 3개월 이내에 서면이나 구술, 전자문서 등의 방법으로 해야 한다. 또 피해자가 먼저 언론사에 정정보도청구를 했다면, 피해자와 언론사 사이에 협의가 이루어지지 않은 날부터 14일 이내에 해야 한다.

인터넷뉴스서비스사업자는 정정보도청구, 반론보도청구 또는 추후보도청구를 받은 경우 지체 없이 해당 기사에 관하여 정정보도청구가 있음을 알리는 표시를 하고 해당 기사를 제공한 언론사에 그 내용을 통보해야 한다(제17조의2 제1항).

정정보도청구가 있다고 통보받은 경우에는 기사 제공 언론사도 같은 내용의 청구를 받은 것으로 본다. 기사 제공 언론사가 정정보도청구에 대한 수용 여부를 청구인에게 통지하는 경우에는 해당 기사를 매개한 인터넷뉴스서비스사업자에게도 통지해야 한다.

신청인은 조정절차 계속 중에 정정보도청구 등과 손해배상청구 상호 간의 변경을 포함하여 신청 취지를 변경할 수 있고, 이들을 병합하여 청구할 수 있다(제18조 제6항).

언론중재위원회의 조정은 신청 접수일로부터 14일 이내에 해야 한다. 중재부의 장은 조정 신청을 접수한 때에는 지체 없이 조정 기일을 정하여 당사자에게 출석을 요구해야 한다. 출석

요구를 받은 신청인이 2회에 걸쳐 출석하지 않으면 조정 신청을 취하한 것으로 본다. 또 언론사가 2회에 걸쳐 출석하지 않은 때에는 조정 신청 취지에 따라 정정보도를 이행하는 데 합의한 것으로 본다.

조정은 비공개가 원칙이다. 다만 참고인의 진술 청취가 필요한 경우 참석 또는 방청을 허가할 수 있다.

중재부는 조정 신청이 부적법한 때에는 이를 각하하고, 신청인의 주장이 이유 없음이 명백한 때에는 조정 신청을 기각할 수 있다. 만약 당사자 간 합의 불능 등 조정에 적합하지 않은 현저한 사유가 있다고 인정되면 조정절차를 종결하고 조정 불성립 결정을 해야 한다.

그런데 당사자 사이에 합의가 이루어지지 않거나, 신청인의 주장에 이유가 있다고 판단되면 중재부는 당사자들의 이익과 그 밖의 사정을 참작하여 신청 취지에 반하지 않는 한도 안에서 직권으로 조정에 갈음하는 결정(직권조정결정)을 할 수 있다. 단 이 기간은 조정 신청 접수일로부터 21일 이내이다. 직권조정결정에 불복이 있는 자는 결정 정본을 송달받은 날부터 7일 이내에 사유를 명시하여 서면으로 중재부에 이의신청을 할 수 있다. 이 경우 그 결정은 효력을 상실한다. 직권조정결정에 관하여 이의신청이 있으면 이의신청이 있은 때에 소가 제기된 것으로 보며, 피해자를 원고로, 상대방인 언론사를 피고로 한다.

만약 조정 결과 당사자 간에 합의가 성립하거나 직권조정결정에 이의신청이 없으면 재판상 화해와 동일한 효력이 있다.

한편 당사자 쌍방은 정정보도청구·반론보도청구·추후보도청구 또는 손해배상의 분쟁에 관하여 중재부의 종국적 결정에 따르기로 합의하고 중재를 신청할 수 있다. 중재신청은 조정 절차 도중에도 할 수 있다. 중재 결정은 확정판결과 동일한 효력이 있다.

언론중재위원회에서 언론사와의 조정이 불성립된 경우, 피해자는 해당 언론 보도가 있음을 안 날부터 3개월 이내에 소를 제기할 수 있다. 또는 언론중재위원회에 조정 신청을 하지 않고 직접 법원에 정정보도청구의 소를 제기할 수도 있다(제26조 제3항). 피해자는 정정보도청구의 소와 동시에 그 인용을 조건으로 간접강제(법원이 채무를 이행하지 않는 채무자에 대하여, 일정 기간 내에 이행을 하지 않을 경우 그 지연 기간에 대한 손해 배상을 명함으로써 채무자를 심리적으로 압박하여 채무를 이행하게 하는 제도)의 신청을 병합하여 제기할 수 있다. 또 소송계속 중 정정보도청구·반론보도청구·추후보도청구의 소 상호 간에 이를 변경할 수 있다.

정정보도청구의 소는 민사소송법의 소송 절차에 관한 규정에 따라 재판하고, 반론보도청구 및 추후보도청구의 소는 민사집행법의 가처분 절차에 관한 규정에 따라 재판한다.

법원은 정정보도청구의 소가 접수된 후 3월 이내에 판결을 선고해야 한다. 청구가 이유 있으면 법원은 정정보도·반론보도 또는 추후보도의 방송·게재 또는 공표를 명할 때 구체적인 사항을 정해야 한다. 여기에는 방송·게재 또는 공표할 정정보도·반론보도 또는 추후보도의 내용, 크기, 시기, 횟수, 게재 부위 또는 방송 순서가 포함된다. 법원이 정정보도·반론보도 또는 추후보도의 내용 등을 정할 때는 청구 취지에 기재된 정정보도문이나 반론보도문 또는 추후보도문을 참작하여 청구인의 명예나 권리를 최대한 회복할 수 있도록 정해야 한다(제27조 제3항). 그러나 실제로는 당초 보도한 기사의 내용이나 분량, 크기에 비하여 현저히 미치지 못하는 내용이나 분량, 크기를 명하는 판결이 선고되는 경우가 많아 피해자의 명예나 권리를 구제하기에는 여전히 미흡하다는 비판이 제기되고 있다.

정정보도청구를 인용한 재판에 불복할 경우에는 항소할 수 있다. 불복 절차에서 심리한 결과 정정정보도청구의 전부 또는 일부가 기각되었어야 한다고 판명되면 이를 인용한 재판을 취소해야 한다. 언론사가 이미 정정보도·반론보도 또는 추후보도 의무를 이행한 때에는 언론사의 청구에 따라 취소재판의 내용을 보도할 수 있음을 선고한다. 또 언론사의 청구에 따라 상대방에게 언론사가 이미 이행한 정정보도·반론보도 또는 추후보도와 취소재판을 보도하기 위해 필요한 비용 및 통상의 지면 게재 사용료 또는 방송 사용료로서 적정한 손해배상을 하도록 명해야 한다. 이 경우 배상액은 해당 지면 사용료 또는 방송의 통상적인 광고비를 초과할 수 없다.

한편 언론중재위원회는 언론의 보도 내용에 의한 국가적 법익이나 사회적 법익 또는 타인의 법익 침해 사항을 심의해 필요한 경우 해당 언론사에 서면으로 시정을 권고할 수 있다(제32조 제1항). 시정 권고는 언론사에 대하여 권고적 효력을 가지는 데 그친다. 중재위원회는 각 언론사별로 시정 권고한 내용을 외부에 공표할 수 있다. 시정 권고에 불복하는 언론사는 시정 권고 통보를 받은 날부터 7일 이내에 중재위원회에 재심을 청구할 수 있다. 중재위원회는 재심 청구가 정당하다고 인정되면 시정 권고를 취소해야 한다.

사전금지 청구(가처분 신청)

명예 등 인격권 침해에 대해서 민법 및 언론법에서 정하고 있는 구제 방법은 기본적으로 사후적인 청구 절차이다. 그런데 인격권은 성질상 한번 침해되면 사후적 구제에 의해서는 쉽사리 회복될 수 없다. 그러므로 사전에 침해를 억제하고, 일단 시작된 침해에 대해서는 이를 신속히 정지 또는 제거하는 것이 가장 실효성 있는 구제 수단이다.

침해 행위의 사전 억제는 방해예방청구에 해당한다. 또 이미 발생하여 지속되는 침해 행위에 대한 정지, 제거는 방해금지, 배제청구이다. 이는 통상 긴급성을 필요로 한다. 그래서 재판 형식으로는 명예를 침해하는 방송의 금지나 신문이나 잡지의 발행, 제작, 배포 금지 등을 청구하는 부작위 가처분신청의 형태를 띤다. 민사집행법 제300조 등에 그 요건과 절차 등이 자세히 규정되어 있다.[80]

그런데 보도금지 혹은 방영금지를 명하는 가처분을 허용하는 것이 헌법 제21조 제2항이 금지하는 사전 검열에 해당하는지, 또는 언론의 자유를 지나치게 제한하여 헌법 제37조 제2항의 과잉금지의 원칙에 위배되거나 언론자유의 본질적 내용을 침해하는지가 문제된다.

이에 대해 헌법재판소[81]는 일정한 표현 행위에 대한 가처분에 의한 사전금지청구는 인격권 보호라는 목적에 있어서 정당성이 인정되고 보호 수단으로서도 적정하다고 밝혔다. 이에 의한 언론의 자유 제한 정도는 침해 최소성의 원칙에 반하지 않고, 보호되는 인격권보다 제한되는 언론자유의 중요성이 더 크다고 볼 수 없어 법익 균형성의 원칙 또한 충족한다는 것이다. 그래서 과잉금지의 원칙에 위배되지 않고, 언론자유의 본질적 내용을 침해하지 않는다고 했다.

그러나 어떠한 표현의 발행, 출판, 인쇄, 복제, 판매, 배포, 광고에 대한 금지청구는 표현 행위에 대한 사전제한이다. 이는 헌법 제21조 제2항에서 금지하고 있는 언론·출판에 대한 허가나 검열과 '유사한 것'이다. 즉 표현 행위에 대한 중대한 제한이다. 이런 점에서 출판의 금지청구권은 피침해자의 사회적 지위, 적시된 사실의 진실성, 침해 행위의 태양(態樣) 및 정도, 침해자의 주관적 의도, 침해자와 피해자의 관계를 고려해, 개인의 명예와 프라이버시가 심각하게 침해된 경우에만 예외적으로 인정된다.

형사고소 및 고발

명예에 관한 죄는 공연히 사람의 명예를 훼손하거나 모욕하는 것을 내용으로 하는 범죄이다. 현행 형법은 단순명예훼손죄(제307조 제1항)[82], 허위사실적시명예훼손죄(제307조 제2항), 사자(死者)명예훼손죄(제308조)[83], 단순출판물명예훼손죄(제309조 제1항), 허위사실적시출판물명예훼손죄(제309조 제2항)[84] 및 모욕죄(제311조)[85]를 규정하고 있다.

명예훼손죄와 출판물명예훼손죄는 피해자가 명시한 의사에 반하여 공소를 제기할 수 없는 반의사불벌죄이다. 사자명예훼손죄와 모욕죄는 고소가 있어야 공소를 제기할 수 있는 친고죄이다(제312조).

허위 사실 적시 출판물에 의한 명예훼손죄가 성립하려면 피고인이 적시 사실이 허위임을 인식해야 한다. 이러한 인식, 즉 범의(犯意)에 대한 입증책임은 검사에게 있다. 단지 공표된 사실이 진실이라는 증명이 없다는 것만으로는 허위 사실 공표에 의한 명예훼손죄가 성립할 수 없다.

그런데 객관적으로 국민이 알아야 할 공공성·사회성을 갖춘 사실(알권리)은 민주제의 토대인 여론 형성에 기여한다. 그러므로 형사제제로 인하여 이러한 사안의 게재를 주저하게 만들어서는 안 된다. 신속한 보도가 생명인 신문의 속성상 허위 사실을 진실한 것으로 믿고서 발표할 수도 있다. 이런 명예훼손적 표현에 정당성이 인정되는 경우, 또는 사소한 부분에 대한 허위 보도는 모두 형사제재의 위협으로부터 자유로워야 한다. 시간과 싸우는 신문보도에 오류를 수반하는 표현은 사상과 의견에 대한 아무런 제한 없는 표현을 보장하는 데 따른 불가피한

결과이다. 이러한 표현도 자유 토론과 진실 확인에 필요한 것이므로 함께 보호되어야 한다.[86]

따라서 첫째, 명예훼손적 표현이 진실이라는 입증이 없어도 행위자가 진실한 것으로 잘못 알고 행위를 했고, 그런 오인에 정당한 이유가 있으면 명예훼손죄는 성립되지 않는 것으로 해석한다. 둘째, 형법 제310조 소정의 "오로지 공공의 이익에 관한 때에"라는 요건은 언론의 자유를 보장한다는 관점에서 적용 범위를 넓혀야 한다. 셋째, 형법 제309조 소정의 "비방할 목적"은 그 폭을 좁히는 제한된 해석이 필요하다. 법관은 엄격한 증거로써 입증되는 경우에 한하여 행위자의 비방 목적을 인정해야 한다. "사람을 비방할 목적"이란 가해 의사를 요하는 것으로서, 행위자의 주관적 의도의 방향에 있어 공공의 이익을 위한 것과 서로 상반된다. 그러므로 적시한 사실이 공공의 이익에 관한 것이라면 특별한 사정이 없는 한 비방할 목적은 부인된다.[87] 그러나 허위라는 것을 알거나 진실이라고 믿을 수 있는 정당한 이유가 없는데도 진위를 알아보지 않고 게재한 허위 보도는 면책을 주장할 수 없다.

언론 보도가 타인의 업무를 방해하였다면 형법상 업무방해죄(제314조) 또는 신용훼손죄(제313조)가 성립될 수 있다.

그런데 인터넷 등 정보통신망[88]을 통하여 명예훼손이 이루어진 경우에는 형법이 아니라 '정보통신망 이용촉진 및 정보보호 등에 관한 법률'에 의해 처벌된다. 이 법 제70조는 제1항에서 "사람을 비방할 목적으로 정보통신망을 통하여 공공연하게 사실을 드러내어 다른 사람의 명예를 훼손한 자는 3년 이하의 징역이나 금고 또는 2천만 원 이하의 벌금에 처한다.”고 규정한 다. 또 제2항에서 “사람을 비방할 목적으로 정보통신망을 통하 여 공공연하게 거짓의 사실을 드러내어 다른 사람의 명예를 훼 손한 자는 7년 이하의 징역, 10년 이하의 자격정지 또는 5천만 원 이하의 벌금에 처한다.”고 밝히고 있다. 다만 피해자가 구체 적으로 밝힌 의사에 반하여 공소를 제기할 수 없다.

표현의 자유와 명예 존중의 조화

지금도 기억나는 언론 보도 피해 사건 상담자가 있다. 1994
년 9월경, 언론의 허위 보도로 인하여 피해를 봤다는 시민이
상담을 하러 찾아왔다. 다니던 회사의 기밀을 경쟁 회사에 유
출시켰다는 혐의로 구속되었는데 대법원까지 가서 무죄 확정
판결을 받았다는 것이다. 그런데 그가 구속된 다음 날 이러한
혐의 사실이 당시만 해도 생소한 산업 스파이 사건으로 포장되
어 신문에 크게 보도되었고, 그는 결국 패가망신했다.

의뢰인은 허위 사실을 발표·보도한 국가와 언론사를 상대로
제기한 명예훼손 손해배상소송을 도와달라고 요청했다. 그가
가져온 소장을 얼핏 보았더니 민사소송을 제기한 날이 보도된
지 3년 하고도 반년이나 경과되어 있었다. 필자는 의뢰인에게

민법상 손해배상청구권의 소멸시효 기간인 3년을 넘긴 사실을 지적해 주었다.

그러자 그는 다시 다음과 같이 이야기해 주었다.

"3년을 며칠 남기고서 언론사에 내용증명을 보내 '최고'절차를 밟아 소멸시효 기간을 6개월 연장시킨 다음 기간 만료 며칠 전에 직접 법원에 소장을 접수했습니다. 그리고 형사소송이 종결된 뒤부터 1년 넘게 형사소송과 민사소송(그는 이 일로 인해 회사에서 해고되자 해고무효소송도 제기하여 승소했다)을 담당하는 변호사들을 찾아가 언론사를 상대로 한 소송을 맡아 달라고 요청했고요. 하지만 변호사들은 이런저런 이유로 수임을 꺼렸지요. 그래서 시효를 연장시켜 놓고도 소송대리인을 선임하지 못하게 되어 본인이 소송을 제기하였습니다. 그러다 재판일이 다가오자 수소문하여 이곳을 찾아온 것입니다."

필자는 처음에는 그의 말을 반신반의했다. 설마 관련 형사사건에서 무죄판결까지 난 평범한(?) 민사사건의 수임을 거부할 변호사가 어디 있으랴 하는 생각이었다. 언론사로부터 보복을 당할까 봐 선뜻 나서지 않았을 거라는 거듭된 하소연을 듣고서도 쉽게 납득이 되지 않았다. 어쨌든 그는 대법원까지 간 민사소송에서도 승소판결을 받았다. 하지만 그의 명예가 얼마나 회복되었는지는 미지수이다.

그런데 그로부터 얼마 지나지 않은 1995년 2월, 서울 남부지원이 필자가 담당한 사건에서 어느 방송사에게 정정보도(실제로는 반론보도)를 명한 판결을 선고했다. 그러자 패소한 방송사가 법원의 맞은편 건물 옥상에 카메라를 설치하여 출입하는 판사들의 동향을 체크하고, 메인 뉴스 시간에 판사들이 공무원 출퇴근시간을 지키지 않는다는 '보복성' 보도를 일삼았다. 이런 사태를 보고 있자니 우리나라 '언론권력'의 실상이 뼈저리게 느껴졌다. 신성한 '언론자유'의 어두운 뒷모습과 지사적 이미지로 각인되어 왔던 언론인의 '조폭적 행태'가 성큼 다가왔다.

1995년 6월 발행한 이른바 '치과의사 모녀 피살사건'도 8년 만에 결국 무죄판결로 종결되었다. 하지만 국내 대부분의 언론으로부터 '한국판 O. J. 심슨' 사건의 주인공으로 불린 치과의사에게는 이미 '사형판결'이 주어진 것이나 다름없지 않았을까.

1998년 7월에는 골뱅이 등 통조림 제품에서 인체에 유해한 포르말린이 대량 검출되었다는 이른바 '포르말린 통조림' 사건이 발생했다. 당시 거의 대부분의 주요 매체에서 검찰의 보도 자료를 바탕으로 이 사건을 대대적으로 보도하였다. 어느 방송사는 시험관에서 포르말린 용액을 희석시키는 장면과 유리관에 안치된 레닌과 김일성의 시신을 연이어 보여 주었다. 그러고는 시신을 보존하거나 방부제로 사용되고 있는 발암물질인 포르말린이 골뱅이와 번데기 통조림에 첨가되었다고 보도했다.

그러나 구속 기소된 사업체 대표는 법원에서 "피고인들이 통조림 제조 과정에서 원료 부패를 방지하기 위한 보존료(방부제)로서 포르말린을 인위적으로 첨가하였거나 또는 식품 원료에 포르말린이나 포름알데히드가 함유되어 있음을 알면서도 판매할 목적으로 통조림을 제조하였다고 인정하기에는 부족하다."

라는 이유로 무죄의 판결을 선고받았다.

하지만 이미 많은 통조림 업체들은 부도를 당하고 폐업했다. 아내와 이혼하고 자녀들은 뿔뿔이 흩어져 이산가족 신세가 되었고, 사춘기 아이가 갑작스러운 환경 변화에 적응하지 못하여 가출하다 학교에서 제적을 당한 피해자도 생겨났다.

재단법인의 임원인 또 다른 사건의 피해자는 감독관청인 정부부처 장관이 걸어오는 소 취하 요구 전화를 피하느라고 바빴다. 어떤 예술인은 민·형사 제소는 고사하고 언론중재위원회에 단지 반론권을 청구했다가 '왕따'를 당해 언론매체를 통해서는 더 이상 소식을 들을 수 없었다. 피해자만 그런 것이 아니다. 대리인에 불과한 변호사까지도 적지 않은 비방과 매도를 당했고, 심지어 세무신고나 카드사용 내역을 확인했다는 기자로부터 그 내역을 '통고'받기도 했다.

표현의 자유와 인격권은 민주주의 사회에서 가장 중요한 기본권이다. 이 두 기본권은 일률적으로 우열을 가릴 수 없고 또 그럴 성질의 것도 아니다. 다만 그동안 우리나라 언론의 경우 권력(국가)에 대한 관계에서는 언론의 자유가 상대적으로 위축된 감이 없지 않다. 그러나 일반 국민이 보기에는 또 하나의 권력기관처럼 비쳤다.

물론 언론의 자유가 충분히 보장되지 않는 상황에서는 언론의 사회적 책임만을 무턱대고 강조할 수는 없다. 그러나 적어도 외형상 국가권력에 의한 언론통제가 사라진 지금에는 언론의 책임이 점점 더 중요하게 제기될 수밖에 없다.

그런데도 우리 언론은 '책임'에 대해서는 '자유'만큼 큰 관심을 기울이지 않는다. 과거의 잘못된 취재 보도 행태를 개선하지 않으며, 그로 인한 인권침해에 대해서도 문제의식을 크게 느끼지 못하고 있다. 취재 과정에서의 사생활 침해, 무단촬영, 초상권 침해, 허가 없는 문서반출, 신분 사칭, 강제 인터뷰, 함정 취재, 속임수 부탁, 도청 등이 다반사처럼 일어나는데도 언론은 이를 심각하게 보지 않는다. 보도의 목적을 위해서는 법과 윤리의 한계를 벗어나더라도 어쩔 수 없는 것이 현실이 아니냐는 식이다.

잘못된 언론 보도는 개인의 인권과 시민사회의 자율성, 순수성을 파괴한다. 한번 훼손된 명예나 인권은 쉽사리 회복되지 않는다. 사실에 대한 정확한 보도와 진실에 대한 공정한 보도가 전제되지 않는 한 개인의 인권 신장과 시민사회의 질적 발전은 상상하기 어렵다.

물론 언론계에서도 '윤리강령'이나 '방송강령'을 제정하여 언론의 자유를 수호함과 아울러 사실과 진실 보도의 책임을 강조하고 있다. 그러나 아직 선언적 의미에만 머무르고 있는 실정이다.

이런 점에서 한국신문협회 등 언론 기간 단체가 1996년 4월 7일에 새로이 신문윤리강령을 채택한 것은 큰 의미가 있다. 특히 사회의 다양한 의견을 폭넓게 수용함으로써 건전한 여론 형성에 기여하며(제4조), 개인의 명예 존중과 사생활 보호에 노력하고(제5조), 반론권 존중과 매체접근의 기회를 제공한다(제6조)

는 내용은 진일보한 것이다. 그뿐만 아니라 구체적인 실천 방안으로서 신문윤리실천요강은 취재 준칙(제2조), 보도 준칙(제3조), 사법 보도 준칙(제4조)을 정하고 범죄 보도와 인권 존중(제7조)을 강조하고 있다. 또한 최근 들어 일부 언론에서나마 독자들의 반론과 정정을 적극적으로 수렴하기 위해 고정란을 두고 있는 것도 고무적인 일이다.

　이제 우리도 미국이나 일본처럼 언론계와 관련 유관단체 그리고 법률가 단체 등이 함께 '보도와 인권' 문제를 진지하게 논의해 우리 실정에 맞는 구체적인 취재 보도의 기준을 마련할 필요가 있다. 남은 문제는 실천이다.

주

1) 형법 제104조의2 (국가모독 등) ① 내국인이 국외에서 대한민국 또는 헌법에 의하여 설치된 국가기관을 모욕 또는 비방하거나 그에 관한 사실을 왜곡 또는 허위 사실을 유포하거나 기타 방법으로 대한민국의 안전·이익 또는 위신을 해하거나, 해할 우려가 있게 한 때에는 7년 이하의 징역이나 금고에 처한다.

②내국인이 외국인이나 외국단체 등을 이용하여 국내에서 전항의 행위를 한 때에도 전항의 형과 같다.

③제2항의 경우에는 10년 이하의 자격정지를 병과할 수 있다.

[본조신설 1975·3·25] [본조삭제 1988·12·31]

2) 헌법재판소 1999. 6. 24, 97헌마265.

3) 대법원 1992. 10. 27. 선고 92다756 판결.

4) 대법원 2007. 10. 25. 선고 2007도5077 판결.

5) 대법원 2008. 11. 27. 선고 2008도6728 판결.

6) 대법원 2009. 6. 11. 선고 2009다11570 판결.

7) 대법원 2008. 5. 8. 선고 2006다45275 판결.

8) 대법원 1999. 10. 22. 선고 98다6381 판결.

9) 대법원 2010. 6. 10. 선고 2010다8341,8358 판결.

10) 대법원 2009. 2. 26. 선고 2008다27769 판결.

11) 대법원 2001. 1. 19. 선고 2000다10208 판결.

12) 대법원 2007. 6. 15. 선고 2004도4573 판결.

13) 대법원 1960. 9. 21. 4293刑上251호 판결.

"본건에 있어 피고인은 9월 2일 자가 문전에서 인근 주민을 향하야 공연히 좃같은 이승만 정치에 못살겠다. 이승만 어서 죽어라. 김일성아 어서 싸워라. 이승만 정치는 왜놈 정치만 못하다는 언사를 고성으로 반복하고 동시경 동소를 통행중인 군인에 대하여 너희가 대한민국 군인이냐 이승만 괴뢰집단의 무리냐 하고 고성을 치는 등 이승만의 명예를 훼손하고 9월 6일 자가전(前) 노상에서 인근 주민에 대하여 공연히 이승만 늙어 빠진 것이 무슨 정치를 하나 자유당 썩은 정치가 무었을 한단 말인가 이승만 자유당 개놈의 새끼들은 모조리 때려 죽여야 한다는 등 언사를 고성으로 반복하여 이승만의 명예를 훼손하였다는 공소사실인바 차(此)는 이승만에 관한 구체적인 사실을 적시한 경우에는 해당하지 아니하고 다만 동인을 공연히 모욕한 것에 불과하여 형법 제311조 소정의 모욕죄에 해당한다 할 것이다."

대법원 1988. 9. 20. 86도2683호 판결.

"피고인이 '마르코스도 군에서 옷 벗고 나와 장기집권하다 망했다. 군정은 몸서리친다. 우리도 박정희 대통령 때부터 현재까지 군정의 연속이다.'라고 말했다고 하더라도 그것은 피고인이 우리 정부의 성격을 민간주도의 정부라기보다는 군인 주도의 정부라는 주관적 판단을 표시한 것이라고 볼 것이고 전두환 대통령의 불명예가 될 만한 구체적인 사실의 적시가 있었다고 하기 어렵다. 그리고 피고인이 '청보회사 주인은 현정부 고위층에 있는 이순자 것이다. 지금 국민들은 상당히 말이 많다. 대통령 마누라 이순자는 사치가 심하여 옷이 상당히 많다.'고 말하였다고 하더라도 그 말이 전두환 대통령의 불명예가 될 만한 구체적인 사실의 적시라고 하기 어렵다."

14) 대법원 1998. 3. 24. 선고 97도2956 판결.

15) 대법원 1991. 5. 14. 선고 91도420 판결.

16) 대법원 1999. 2. 9. 선고 98다31356 판결.

17) 대법원 2009. 2. 26. 선고 2008다77771 판결.

18) 대법원 2008. 5. 8. 선고 2006다45275 판결.

19) 대법원 2009. 4. 9. 선고 2005다65494 판결.

20) 대법원 2002. 6. 28. 선고 2000도3045 판결.

21) 대법원 2009. 1. 30. 선고 2006다60908 판결.

22) 대법원 2004. 11. 12. 선고 2002다46423 판결.

23) 대법원 2003. 9. 2. 선고 2002다63558 판결.

24) 대법원 2006. 5. 12. 선고 2004다35199 판결.

25) 대법원 2004. 11. 12. 선고 2003다69942 판결.

26) 대법원 2007. 12. 27. 선고 2007다29379 판결, 신문기사에서 공직자가 감사원에 의한 감사를 받고 있다는 등의 사실을 전달하는 데 그치지 않고 부정한 금원을 수수하였음을 간접적·우회적으로 암시하여 그 명예를 훼손하였다고 본 사례.

27) The New York Times Co. v. Sullivan, 376 U.S. 254(1964).

28) 대법원 2002. 1. 22. 선고 2000다37524,37531 판결.

29) 대법원 2002. 12. 24. 선고 2000다14613 판결.

30) 대법원 2003. 7. 8. 선고 2002다64384 판결.

31) 대법원 2005. 5. 27. 선고 2004다69291 판결.

32) 대법원 2003. 7. 22. 선고 2002다62494 판결.

33) 대법원 2009. 9. 10. 선고 2007다71 판결.

34) 대법원 2009.2.26. 선고 2008다27769 판결, 변호사의 불법행위
에 대한 형사고발 사건 등을 보도한 3건의 신문기사 중 2건이 그
사건의 객관적 경과를 보도한 것으로 모두 진실한 사실이고 그 내
용이 공공의 이익에 관한 것이므로, 그 보도행위에 위법성이 없다
고 한 사례.

35) 대법원 2009. 7. 23. 선고 2008다18925 판결.

36) 대법원 2007. 12. 27. 선고 2007다29379 판결.

37) 대법원 1998. 7. 14. 선고 96다17257호 판결.

38) 대법원 2009. 9. 10. 선고 2007다71 판결.

39) 대법원 2010. 4. 29. 선고 2007도8411 판결.

40) 대법원 2010. 6. 10. 선고 2010다8341,8358 판결, KBS-TV의
〈서울 1945〉라는 드라마에서 이승만, 장택상이 친일경찰 출신인
극중 가상인물 박창주를 통하여 여운형을 암살하도록 배후에서
지시한 것처럼 묘사되었다는 원고들의 주장 부분에 대해 명예훼
손의 성립을 부인한 사례.

41) 대법원 1998. 2. 27. 선고 97다19038 판결.

42) 대법원 2010. 4. 29. 선고 2007도8411 판결.

43) 대법원 1998. 2. 27. 선고 97다19038 판결.

44) 대법원 1998. 5. 8. 선고 97다34563 판결.

45) 대법원 2000. 7. 28. 선고 99다6203 판결.

46) 대법원 2010. 7. 15. 선고 2007다3483 판결.

47) 대법원 2006. 3. 23. 선고 2003다52142 판결.

48) 대법원 2006. 3. 23. 선고 2003다52142 판결, 방송사가 언론사
의 주식투자 문제를 다루면서 특정 신문사가 언론사로서의 힘을

이용하여 싼 이자로 돈을 대출받은 의혹이 있고 이 돈을 주식에 투자하여 막대한 평가이익을 거두었다고 보도한 데 대하여, 위 방송 보도는 공공의 이해에 관한 사항으로서 사익적 동기가 다소 내포되어 있지만 그 주요 목적과 동기가 공공의 이익을 위한 것이고, 취득한 주식 수를 사실과 달리 보도하는 등 사소한 부분에 오류 내지 과장이 있으나 주요 부분에 허위 사실의 적시가 있었다고 할 수 없다고 한 사례.

49) 대법원 2008. 2. 1. 선고 2005다8262 판결.

50) 대법원 2008. 2. 14. 선고 2005다75736 판결.

51) 대법원 2008. 4. 24. 선고 2006다53214 판결.

52) 대법원 2007. 10. 26. 선고 2006도5924 판결, 특정 종교집단의 목사에 대한 비판이 의견 표명일 뿐 사실의 적시로 보기 어렵고 사회적 가치 내지 평가를 침해할 수 있는 명예훼손적 표현에 해당하지 않는다고 보아 명예훼손죄의 성립을 부정한 사례.

53) 대법원 1996. 9. 6. 선고 96다19246,19253 판결.

54) 대법원 2007. 4. 26. 선고 2006다87903 판결, 공군참모총장이 전 공군을 지휘·감독할 지위에서 수하의 장병들을 상대로 단결심 함양과 조직의 유지·관리를 위하여 계몽적인 차원에서 군종장교로 하여금 교계에 널리 알려진 특정 종교에 대한 비판적 정보를 담은 책자를 발행·배포하게 한 행위가 특별한 사정이 없는 한 정교분리의 원칙에 위반하는 위법한 직무집행에 해당하지 않는다고 한 사례.

55) 대법원 2003. 6. 27. 선고 2002다72194 판결.

56) 대법원 2009. 4. 16. 선고 2008다53812 판결 전원합의체 판결.

57) 대법원 2007. 6. 14. 선고 2004도4826 판결.

58) 대법원 2009. 10. 29. 선고 2009다49766 판결.

59) 대법원 2009. 7. 23. 선고 2008다18925 판결.

60) 대법원 2008. 1. 24. 선고 2005다58823 판결, 대법원 2002. 1. 22. 선고 2000다37524, 37531 판결.

61) 대법원 2002. 1. 22. 선고 2000다37524, 37531 판결.

62) 대법원 2008. 11. 13. 선고 2008다53805 판결.

63) 대법원 2006. 1. 27. 선고 2003다66806 판결.

64) 대법원 2008. 1. 24. 선고 2005다58823 판결.

65) 대법원 2008. 1. 24. 선고 2005다58823 판결.

66) 대법원 2008. 1. 24. 선고 2005다58823 판결.

67) 대법원 1993. 11. 26. 선고 93다18389 판결, 지방국세청 소속 공무원들이 통상적인 조사를 다하여 의심스러운 점을 밝혀 보지 아니한 채 막연한 의구심에 근거하여 원고가 위장증여자로서 국토이용관리법을 위반하였다는 요지의 조사결과를 보고한 것이라면 국세청장이 이에 근거한 보도자료의 내용이 진실하다고 믿은 데에는 상당한 이유가 없다고 본 사례.

68) 대법원 2001. 1. 19. 선고 2000다10208 판결.

69) 대법원 2007. 1. 12. 선고 2005다57752 판결, 국회의원이 국회 예산결산위원회 회의장에서 법무부장관을 상대로 대정부질의를 하던 중 대통령 측근에 대한 대선자금 제공 의혹과 관련하여 이에 대한 수사를 촉구하는 과정에서 한 발언이 국회의원의 면책특권의 대상이 된다고 본 사례.

70) 언론중재위원회의 조사에 의하면 2009년도 언론소송처리 결과 손해배상 청구액은 평균 2억 4,773만 원, 중앙액(사례를 순위대로 배열하여 한 가운데에 위치한 사례의 액수)과 최빈액(빈도수가 가장 많은 값)은 각각 1억 원인 반면 손해배상 인용액은 평균 2,348만 원, 중앙액은 800만 원, 최빈액은 500만 원으로서, 500만 원 이하가 전체의 37%로 가장 많은 것으로 밝혀졌다. 또한 일반인의 손해배상 인용액 평균은 840만 원인 반면 공인의 인용액 평균은 1,488만 원이라고 한다. 2009년도 언론관련판결 분석보고서, 38~42쪽 참조.

71) 헌법재판소 1991. 4. 1. 선고 89헌마160호 결정.

72) "인터넷뉴스서비스"란 언론의 기사를 인터넷을 통하여 계속적으로 제공하거나 매개하는 전자간행물을 말한다(언론중재법 제2조 제18호). 다만, 인터넷신문 및 인터넷 멀티미디어 방송, 그 밖에 대통령령으로 정하는 것으로 제외한다.
"인터넷뉴스서비스사업자"란 위의 전자간행물을 경영하는 자를 말한다(제2조 제19호).

73) 헌법재판소 2006. 6. 29, 2005헌마165.

74) 대법원 2009. 7. 23. 선고 2008다18925 판결.

75) 대법원 2009. 10. 29. 선고 2009다49766 판결.

76) 대법원 2007. 9. 6. 선고 2007다2275 판결.

77) 헌법재판소 1996. 4. 25, 95헌바25.

78) 헌법재판소 1999. 7. 22, 96헌바19.

79) 언론중재 및 피해구제 등에 관한 법률이 시행된 이후인 2006년 부터 2009년까지 4년간 언론중재위원회에 접수된 조정 신청 청구 건수는 4,657건인 반면(97%), 중재신청 청구건수는 142건(3%)에 불과하다. 언론중재위원회, 언론조정 중재신청 처리현황, 2010.

80) 민사집행법 제300조(가처분의 목적) ① 다툼의 대상에 관한 가 처분은 현상이 바뀌면 당사자가 권리를 실행하지 못하거나 이를 실행하는 것이 매우 곤란할 염려가 있을 경우에 한다.

② 가처분은 다툼이 있는 권리관계에 대하여 임시의 지위를 정하 기 위하여도 할 수 있다. 이 경우 가처분은 특히 계속하는 권리 관계에 끼칠 현저한 손해를 피하거나 급박한 위험을 막기 위하 여, 또는 그 밖의 필요한 이유가 있을 경우에 하여야 한다.

81) 헌법재판소 2001. 8. 30, 2000헌바36 민사소송법 제714조 제2 항 위헌소원.

82) 【형법 제307조(명예훼손)】 ① 공연히 사실을 적시하여 사람의 명 예를 훼손한 자는 2년 이하의 징역이나 금고 또는 500만 원 이하 의 벌금에 처한다.

② 공연히 허위의 사실을 적시하여 사람의 명예를 훼손한 자는 5 년 이하의 징역, 10년 이하의 자격정지 또는 1천만 원 이하의 벌금에 처한다.

83) 【형법 제308조(사자의 명예훼손)】 공연히 허위의 사실을 적시하 여 사자의 명예를 훼손한 자는 2년 이하의 징역이나 금고 또는 500만 원 이하의 벌금에 처한다.

84) 【형법 제309조(출판물 등에 의한 명예훼손)】 ① 사람을 비방할 목적으로 신문, 잡지 또는 라디오 기타 출판물에 의하여 제307조 제1항의 죄를 범한 자는 3년 이하의 징역이나 금고 또는 700만 원 이하의 벌금에 처한다.

② 제1항의 방법으로 제307조 제2항의 죄를 범한 자는 7년 이하 의 징역, 10년 이하의 자격정지 또는 1천500만 원 이하의 벌금

에 처한다.

85) 【형법 제311조(모욕)】 공연히 사람을 모욕한 자는 1년 이하의 징역이나 금고 또는 200만 원 이하의 벌금에 처한다.

86) 헌법재판소 1999. 6. 24. 97헌마265호 결정.

87) 대법원 2005. 4. 29. 선고 2003도2137 판결.

88) "정보통신망"이란 전기통신사업법 제2조제2호에 따른 전기통신설비를 이용하거나 전기통신설비와 컴퓨터 및 컴퓨터의 이용기술을 활용하여 정보를 수집·가공·저장·검색·송신 또는 수신하는 정보통신체제를 말한다(제2조 제1항 제1호).

큰글자 살림지식총서 077

명예훼손이란 무엇인가

펴낸날	초판 1쇄 2013년 4월 12일
	초판 2쇄 2018년 8월 16일

지은이	안상운
펴낸이	심만수
펴낸곳	(주)살림출판사
출판등록	1989년 11월 1일 제9-210호

주소	경기도 파주시 광인사길 30
전화	031-955-1350 팩스 031-624-1356
홈페이지	http://www.sallimbooks.com
이메일	book@sallimbooks.com

ISBN	978-89-522-2414-9 04080
	978-89-522-3549-7 04080 (세트)

※ 이 책은 큰 글자가 읽기 편한 독자들을 위해
   글자 크기 14포인트, 4×6배판으로 제작되었습니다.